世界哲學家叢書

皮 亞 傑

杜 麗 燕 著

1995

東大圖書公司印行

國立中央圖書館出版品預行編目資料

皮亞傑／杜麗燕著. -- 初版. -- 臺北
市：東大發行：三民總經銷，民84
　　　面；　　　公分. --(世界哲學家
叢書)
參考書目：面
含索引
ISBN 957-19-1794-X (精裝)
ISBN 957-19-1795-8 (平裝)

1.皮亞傑(Piaget, Jean, 1896-　)
　-學術思想-心理學　2.兒童心理
學　3.認知心理學

173.12　　　　　　　　　　84008029

ⓒ　皮　亞　傑

著作人　杜麗燕
發行人　劉仲文
產著作財
權人財
發行所　東大圖書股份有限公司
　　　　臺北市復興北路三八六號
　　　　東大圖書股份有限公司
　　　　地址／臺北市復興北路三八六號
　　　　郵撥／○一○七一七五－○號
印刷者　東大圖書股份有限公司
總經銷　三民書局股份有限公司
門市部　復興店／臺北市復興北路三八六號
　　　　重南店／臺北市重慶南路一段六十一號
初版　　中華民國八十四年六月
編號　E 14065①
基本定價　伍元貳角
行政院新聞局登記局版臺業字第○一九七號

ISBN 957-19-1794-X (精裝)

「世界哲學家叢書」總序

　　本叢書的出版計畫原先出於三民書局董事長劉振強先生多年來的構想，曾先向政通提出，並希望我們兩人共同負責主編工作。一九八四年二月底，偉勳應邀訪問香港中文大學哲學系，三月中旬順道來臺，即與政通拜訪劉先生，在三民書局二樓辦公室商談有關叢書出版的初步計畫。我們十分贊同劉先生的構想，認為此套叢書（預計百冊以上）如能順利完成，當是學術文化出版事業的一大創舉與突破，也就當場答應劉先生的誠懇邀請，共同擔任叢書主編。兩人私下也為叢書的計畫討論多次，擬定了「撰稿細則」，以求各書可循的統一規格，尤其在內容上特別要求各書必須包括 (1) 原哲學思想家的生平； (2) 時代背景與社會環境； (3) 思想傳承與改造； (4) 思想特徵及其獨創性； (5) 歷史地位； (6) 對後世的影響（包括歷代對他的評價），以及 (7) 思想的現代意義。

　　作為叢書主編，我們都了解到，以目前極有限的財源、人力與時間，要去完成多達三、四百冊的大規模而齊全的叢書，根本是不可能的事。光就人力一點來說，少數教授學者由於個人的某些困難（如筆債太多之類），不克參加；因此我們曾對較有餘力的簽約作者，暗示過繼續邀請他們多撰一兩本書的可能性。遺憾

的是，此刻在政治上整個中國仍然處於「一分為二」的艱苦狀態，加上馬列敎條的種種限制，我們不可能邀請大陸學者參與撰寫工作。不過到目前為止，我們已經獲得八十位以上海內外的學者精英全力支持，包括臺灣、香港、新加坡、澳洲、美國、西德與加拿大七個地區；難得的是，更包括了日本與大韓民國好多位名流學者加入叢書作者的陣容，增加不少叢書的國際光彩。韓國的國際退溪學會也在定期月刊《退溪學界消息》鄭重推薦叢書兩次，我們藉此機會表示謝意。

原則上，本叢書應該包括古今中外所有著名的哲學思想家，但是除了財源問題之外也有人才不足的實際困難。就西方哲學來說，一大半作者的專長與興趣都集中在現代哲學部門，反映著我們在近代哲學的專門人才不太充足。再就東方哲學而言，印度哲學部門很難找到適當的專家與作者；至於貫穿整個亞洲思想文化的佛敎部門，在中、韓兩國的佛敎思想家方面雖有十位左右的作者參加，日本佛敎與印度佛敎方面卻仍近乎空白。人才與作者最多的是在儒家思想家這個部門，包括中、韓、日三國的儒學發展在內，最能令人滿意。總之，我們尋找叢書作者所遭遇到的這些困難，對於我們有一學術研究的重要啓示（或不如說是警號）：我們在印度思想、日本佛敎以及西方哲學方面至今仍無高度的研究成果，我們必須早日設法彌補這些方面的人才缺失，以便提高我們的學術水平。相比之下，鄰邦日本一百多年來已造就了東西方哲學幾乎每一部門的專家學者，足資借鏡，有待我們迎頭趕上。

以儒、道、佛三家為主的中國哲學，可以說是傳統中國思想與文化的本有根基，有待我們經過一番批判的繼承與創造的發

展，重新提高它在世界哲學應有的地位。為了解決此一時代課題，我們實有必要重新比較中國哲學與（包括西方與日、韓、印等東方國家在內的）外國哲學的優劣長短，從中設法開闢一條合乎未來中國所需求的哲學理路。我們衷心盼望，本叢書將有助於讀者對此時代課題的深切關注與反思，且有助於中外哲學之間更進一步的交流與會通。

　　最後，我們應該強調，中國目前雖仍處於「一分為二」的政治局面，但是海峽兩岸的每一知識分子都應具有「文化中國」的共識共認，為了祖國傳統思想與文化的繼往開來承擔一分責任，這也是我們主編「世界哲學家叢書」的一大旨趣。

傅偉勳　韋政通

一九八六年五月四日

皮 亞 傑

目 次

「世界哲學家叢書」總序

序言：富有創造性的一生

第一章　認識的形式系列──發生認識論(一)

第二章　認識的形象系列──發生認識論(二)

序言：富有創造性的一生

一九八〇年九月十六日，著名的發生認識論之父，邏輯學家、生物學家、教育學家皮亞傑與世長辭。消息傳出，舉世悲悼，唁電、悼文，如雪片般地飛向日內瓦。前來弔唁的人群絡繹不絕。皮亞傑這個非同凡響的名字，將和他創立的舉世聞名的發生認識論一道載入史册。

壹·歐洲生物學界的小名人

一八九六年八月九日，皮亞傑出生於瑞士的納沙特爾（Neuchatel）。他的父親是當地一所大學的教授，主要講授並研究中世紀典籍。他的興趣廣泛，思想敏捷，常常涉獵歷史領域。父親的勤勉好學，不斷激勵著皮亞傑，使他幼小的頭腦養成了系統思維的習慣，這使皮亞傑終身受益。皮亞傑的母親是一位聰穎敏感的女性，也是一位虔誠的宗教徒。皮亞傑在談到他的母親時說：「她有點神經質……這使我們的家庭生活有點令人煩惱。」由於這樣的家庭環境所致，幼小的皮亞傑成為一個非常嚴肅而又勤勉好學的孩子。

幼年皮亞傑像所有的孩子一樣，喜歡小動物，尤其偏愛鳥類

和軟體動物。大約在 7 歲左右，他就成爲一個熱衷於採集貝類的
小自然主義者。10歲時，皮亞傑在一個公園裡發現了一隻患白化
病的麻雀。他寫了一篇小品文，報告了他所觀察到的現象。文章
寫到，那隻麻雀長著白色的嘴巴，白色的背部羽毛和翅膀，白色
的尾巴。我走近牠，想看得更清楚些，牠飛走了，我目送了牠幾
分鐘，直到牠消失。皮亞傑斷定，他所看到的這隻鳥，就是一八
六八年納沙特爾自然科學史雜誌《冷杉樹》(*La Rameau de
Sapin*) 刊登的一篇文章所提到的那種鳥。皮亞傑把這篇文章寄
給《冷杉樹》。雜誌的總編不知道文章的作者是一個 11 歲的孩
子，他看到文章觀察細緻準確，對現象的分析具有一定的科學根
據，且行文簡潔明瞭，便同意發表。這件事極大地鼓舞了皮亞
傑，從此以後，他深深地迷上了自然史。後來，皮亞傑自己說，
他當時之所以發表這篇文章，是爲了讓納沙特爾自然博物館的館
長知道，他積極探索自然領域，願意爲之付出自己的心血，以便
被獲准在業餘時間爲博物館工作。不久，皮亞傑果然如願以償。
館長邀請他做助手，協助館長爲已經採集的軟體動物 —— 貝殼編
目，並且讓他參加採集化石的工作。館長是軟體動物專家，他看
出皮亞傑是個有才華、肯鑽研的孩子。於是，給予他許多有益的
指導。這項工作，打開了皮亞傑的眼界，豐富了他的知識，爲他
以後的學習研究奠定了良好的基礎。他利用業餘時間，在博物館
工作了好幾年，直到他14歲時 —— 館長逝世爲止。

從一九一一年至一九一五年，皮亞傑發表了一系列有關軟體
動物的文章。在這些文章中，皮亞傑堅持進化論的觀點，對當時
生物學界盛行的正統孟德爾思想提出質疑。他認爲，隨機遺傳變
異不是進化的原因，池螺適應性變異的研究表明，獲得性性徵是

不可以遺傳的。生物結構雖然可以不斷改進和發展，但是，結構是有機體不可改變的一種特性。結構的改進過程是同化 (assimilation) 和模仿 (imitation)，後來又改爲順應 (accommodation)。這些範疇後來成爲皮亞傑發生學的基本概念。

　　這些富有挑戰性的文章，在歐洲軟體動物界產生了很大的反響。文章列舉的翔實的觀察材料，以及提出的大膽假設，給人們留下了深刻的印象。皮亞傑很快就成爲生物界的知名人士。但是，人們怎麼也沒有想到，這些使他們耳目一新的文章，竟然出自一個中學生之手。日內瓦《自然科學史》雜誌的總編輯，只是從一系列文章中知道納沙特爾有皮亞傑其人，他並不知道皮亞傑只是一個中學生。他寫信邀請皮亞傑擔任該雜誌軟體動物採集工作的負責人。皮亞傑回信說，對於貴雜誌的盛情邀請深感榮幸，但是自己仍然需要完成高中學業，無暇擔此重任，特表歉意。這件事引起了一陣大講，原來在軟體動物界頗有建樹的皮亞傑，竟然是個孩子！人們以非常複雜的心理品味這一事實，眞是後生可畏啊！而納沙特爾《自然科學史》雜誌的編輯，直到現在才知道皮亞傑的實際年齡。他們竟然以皮亞傑年少爲由，拒絕再刊登他的文章，以示莊重。這無疑是皮亞傑初涉學術界遇到的一個不那麼令人愉快的小插曲。但是，這點小波折絲毫沒有影響皮亞傑的研究熱情。他專心完成了高中學業，進入了納沙特爾大學。這是他人生的一個重要階段。

貳·豐富的大學時代

　　大學階段是皮亞傑一生的轉折點。在大學期間，皮亞傑系統

地學習了生物學課程，經過這些專門訓練，皮亞傑從一個業餘科學愛好者，變爲一個訓練有素的生物學專業人員。一九一五年，皮亞傑獲得納沙特爾大學生物學學士學位。在這之後的三年內，他繼續攻讀生物學、科學史、哲學等課程，一九一八年，獲得納沙特爾大學自然科學博士學位。當時，他年僅23歲，更爲重要的是，大學期間，皮亞傑經歷了一系列社會和個人變故。在這一過程中，皮亞傑的內心世界經歷了激烈的衝突和變化，在激動和彷徨之後，他終於走出誤區，充滿信心地開始探索新科學。

一、對戰爭進行反思

皮亞傑獲得博士學位之際，恰值第一次世界大戰結束。戰爭使數以百萬計的士兵失去了寶貴的生命，使無辜的平民百姓生靈塗炭。皮亞傑以青年人特有的激情對戰爭進行了反思。〈生物學與戰爭〉一文，表達了一個生物學家對戰爭的基本態度，具有鮮明的反戰爭傾向。他指出，當前比較流行的看法是戰爭不可避免，其根據是達爾文主義所說的生存競爭，弱肉強食。毫無疑問，達爾文的確看到了生存鬥爭，看到了種與環境、種與種的鬥爭。但是，他從這些發現中僅僅引出了一個結論，即自然選擇是唯一可能的進化過程。從這一結論得到承認之日起，倫理學就一勞永逸地宣布，它與生命無任何瓜葛。換句話說，生存問題與道德無關。而克魯泡特金也看到了這一事實，但是，他與達爾文的著眼點不同。他由這一事實斷定，自然界的法則是互助共存，並且由此認定，自己應該義正辭嚴地譴責戰爭。用生物倫理學的觀點看問題，這些事實可以證明世間一切事物都是正當的。蓋伊 (Gu-yau)、貝恩 (Bain)、穆勒 (Mill)、克魯泡特金(Kropotkin)、

斯賓塞（Spencer）、克雷森（Cresson）等人都求助於這些事實，他們似乎都有道理。戰爭耶，愛耶，都是人的本性，都是必然的。

　　皮亞傑呼籲，我們不要被可以隨意解釋的事實和人的激情所困擾。他認為，首先需要從理性的觀點重新定義正常進化的法則，看看在正常進化的法則中，是否理所當然地包含了戰爭。只有這樣，我們才能回答這個問題。皮亞傑指出，討論不涉及道德問題，只涉及生物學問題。

　　從生物學上，只有兩種方式可以證明戰爭是正當的。一種方式表明，只有達爾文主義才能解釋進化；或者如果達爾文主義被證明是虛假的，可以另闢蹊徑，把拉馬克主義簡化為一個狹義的概念，即勒‧唐泰（Le Dantec）所說的「功能同化」（functional assimilation）。

　　達爾文主義顯然證明戰爭不可避免。新達爾文主義否認獲得性性徵可以遺傳，從而否認了環境的影響作用。他們把個體與種之間的競爭，看作進化的全部機制。競爭是爭鬥。這種理論同樣是戰爭的佐論。魏斯曼主義和與之相關的理論可以衍生出一種調和學說。這種學說認為，在遺傳「粒子」之間會產生某種協調，對個體之間的關係產生影響。但是這一因素必然會被競爭降低到最低水平。因為，根據定義，遺傳不可能傳遞任何新適應。而弗洛伊德的心理分析，則把遺傳性質看作一種心理力，叫做「力比多」（libido）。這種心理力是一種十分複雜的東西，它的無節制宣洩，會導致惡性爭鬥，它的昇華將會引發愛、藝術和宗教。但是，如果從新達爾文主義的前提出發，這一見解可能會造成更不科學的局面。

　　再來看看拉馬克主義。皮亞傑指出，拉馬克主義把所有進化等同於環境的影響，這種影響創造了習慣，並且憑藉遺傳使自身延續下去。它假定，以前獲得的新特徵是穩定的，並且以同化爲前提。同化是每個生物都擁有的屬性，能夠再生與自身統一的實體。因此，同化是保存因素。只有環境，而不是生物或者別的什麼東西，才是變異的源泉。個體要同化，必須設法與環境進行鬥爭。個體若要保持個性，就要與對它產生影響的一切事物做鬥爭，這是最可怕的鬥爭，它不僅僅與環境做鬥爭。在這種鬥爭中，不屬於自我的一切都是可憎的，都是一種敵對力量，而人類的個人和其他種的個體，都被包括在這種非自我之中。這自我主義是反對環境，反對人類的一種惡勢力，它引起人類之間的惡性爭鬥，這種鬥爭，將使人類的一部分被征服、被消滅，而另一部分人類，將迫使被征服者像眼睛模仿光線般地模仿他們。因此，由拉馬克主義得出的必然結論是：自我主義是每個社會的基礎；鬥爭是生命的內在邏輯；戰爭是必然的。拉馬克主義與達爾文主義殊途同歸了。

　　戰爭眞是必然的嗎？皮亞傑進一步探討了達爾文主義者們賴以立論的基礎——生命的邏輯。他指出，如果分析狹義的「功能同化」，就會發現這些推論有一個漏洞。這就是爲了使同化和模仿形成綜合，必須使同化和模仿成爲反比例，卽，同化處於最大值，模仿便是最小值。勒·唐泰的功能同化也可以做廣義的解釋，卽，一個人的自我愈多，便愈能充分理解環境，人們或者原始而愚蠢，或者智慧而無個性。若是這樣分析問題，在每個意識現象中，同化和模仿就會成爲正比例。皮亞傑力主，這種正比例是一切生命現象的本質。廣義的同化並不意味著以剝奪他人的生

存來維持自己的生存。恰恰相反，人類要想靠同化生存，就得維護他人的生存權力。這時所說的模仿，實質上是指順應他人。這樣一來，人們對戰爭的看法將會發生徹底地轉變。「就理性而言，理解事物恰恰允許進行眞正的同化；就倫理學而言，只有愛，仁愛，才能允許自我得以充分的發展。至於社會，只有互助互惠，才能使社會諸集團安好無恙。」❶皮亞傑認爲，愈是深入考察生命機制，人們就愈是淸楚地看到，愛和利他主義是生物的天性。生物爲了生存首先不是要相互殘殺，而是要互愛互利，愛是生命的邏輯，是完善的同化，是對戰爭的否定。後來，因環境的慣性引起的糾紛和競爭，是外在的東西，它使生物被迫進行有限的同化，外在的表現就是自我主義、愚昧、爭鬥，以及人類的戰爭。這是事物的邏輯。由此可見，戰爭是事在人爲的，不是必然的。每個熱愛生命，熱愛和平的人，都要積極行動起來，用生命的邏輯，用愛，抑制事物的邏輯，制止戰爭。

皮亞傑對戰爭的反思算不上深刻，但是卻很有特色。他從「生命的邏輯」入手進行分析，指出，達爾文等人所說生存競爭是事物的邏輯，愛和利他主義是生命的邏輯，因此他合乎邏輯地得出結論：互相殘殺是可以受到控制的，戰爭是人爲地造成的，因而也是可以避免的。

在這篇文章中，皮亞傑運用了一個非常重要的概念 ——「功能同化」。皮亞傑明確指出，這個概念是勒・唐泰提出的。它的內涵是「再生與自身統一的實體」，因而同化「是保存因素」。同化概念後來成爲皮亞傑發生認識論的核心概念。當然，他賦予它

---

❶　Piaget: *The Essential Piaget*. London, 1977, p.41.

更廣闊的內涵。皮亞傑還指出，與同化相對應的是模仿。模仿是向外的功能，主要是爲了順應環境。這一概念在發生認識論中被順應所取代。但是，無論用哪個概念，有一點可以肯定，在這些早期思想中，皮亞傑已經試圖用內在的機能解釋人的行爲了。

二、密切注視整體與部分關係的哲學論戰

進入二十世紀以後，哲學界圍繞整體和部分的關係問題，進行了長達幾十年的論戰，爭論的焦點是「作爲整體的類和組成類的元素哪個更眞實」。經驗主義哲學通常認爲，元素是眞實的，類只是名稱，沒有實在性。理性主義則認爲，類比組成它的元素更眞實。雙方各執己見，互不相讓。皮亞傑沒有直接參加論戰，但是，他閱讀了柏格森、威廉·詹姆斯、赫伯特·斯賓塞等人的著作；研究了西方哲學史上唯理論和經驗論爭論的基本問題和歷史；探討了康德遺留下來的全部問題，形成了初步的哲學立場。皮亞傑在爲《自傳心理學史》所寫的自傳中，闡述了自己當時的見解。

皮亞傑說，他的教父科努特 (Samuel Cornut) 在阿納西湖任聖職期間向他推薦了柏格森的《創造進化論》。與此同時，他在納沙特爾大學聆聽了雷蒙德 (A. Remond) 的講演。與他們的思想相遇之際，恰值他思考整體和部分問題的關鍵時刻。在他們的思想啓發下，皮亞傑撰寫了一篇「相當粗糙」（皮亞傑自己的形容）的論文，題目是〈新實用主義梗概〉❷。在這篇文章

---

❷ Piaget: *A History of Psychologic in Autobiography*. In Autobiography (E.G. Boring <ED.>, vol.4, p.237~256), New York: Rusell and Russell. p.241.

中，皮亞傑描述了一種「極其重要的思想，卽，動作本質上包含了邏輯。因此，邏輯由某種自發的動作組織產生出來」❸。然而，皮亞傑認爲，在這個重要思想中，似乎缺少了生物學這個環節。於是，皮亞傑又冥思苦想，如何把生物學這個環節，與哲學認識論問題聯繫起來。雷蒙德教授關於「共相領域中的唯名論和實在論問題」的授課內容，使皮亞傑茅塞頓開。他說：「我深入考察了動物學中『種』的問題，並且採納了徹底的唯名論觀點。種本身沒有實在性，它與元素的區別，在於它有更大的穩定性。但是，受拉馬克影響而形成的這種見解，困擾著我的經驗論著作……起初，我並未看到與種相關的問題。除此之外，實在論與唯名論的一般問題，爲我提供了一個總的見解：我驟然懂得了，在一切水平上（例如，活細胞、機體、種、社會，以及意識狀態、概念、邏輯原理等），都可以找到部分與整體的關係問題；因此，我想我找到了答案。我夢寐以求生物學和哲學之間，至少有某種密切的結合，有通往認識論的途徑。」❹ 這一大段自白證明，由於受柏格森和雷蒙德的影響，皮亞傑形成了兩個基本的思路：第一，動作和邏輯本質上相關，這是動作的內在邏輯，因此，可以說，邏輯本身是從動作中衍生出來的。這一思路，後來成爲皮亞傑的兒童心理學和發生認識論的主幹。第二，共相問題可以被翻譯成諸多水平上存在的整體結構問題。整體與部分的關係問題，把皮亞傑的生物學與哲學密切地結合在一起。在皮亞傑看來，「整體」無處不在，它賦予部分一個組織。因此，「要素」不是孤立的存在，基本的實在必然依賴遍布它的整體。整體與部分的關係可以

❸　同❷，p.241～242.
❹　同❷，p.240.

透過四類動作表現出來：「整體本身的動作；（整體的）各部分的動作；各部分本身的動作；部分在整體上的動作。」❺整體概念在這裡已經呈現出結構的特點。可以看出，在皮亞傑關於整體與部分的討論中，已經萌生了日後在發生認識論中最基礎的範疇──圖式概念，和結構主義理論中的結構概念。皮亞傑進一步研究了整體中的四類動作，他指出，這四類動作最終要趨於平衡。平衡概念是皮亞傑對整體與部分的反思中衍生出來的。也可以把它看作在柏格森和雷蒙德影響下，形成的第三個思路。這四個動作在相互作用中，定然會走向平衡 (equilikeratoin)。平衡大約有三種形式：(1) 整體在部分的交替中居首位。(2) 部分在整體的交替中居首位。(3)部分與整體相互保存。皮亞傑為此補充了一個最基本的法則：第三種平衡形式是「穩定的」或「好的」，另外兩種則是不太穩定的平衡。皮亞傑把平衡作為整體結構活動的特徵，這是皮亞傑早期研究最突出的特點。它蘊涵著動作和邏輯、結構和活動、機能和結構等十分重要的關係，難怪連皮亞傑自己都說，他重讀自己早期的著作，覺得十分有趣，因為它們已經呈現出皮亞傑中後期研究的雛形。換句話說，皮亞傑畢生的研究具有明顯的連續性。早期哲學概念的形成，使這位生物學博士離開了生物研究領域，去探討那些舉步維艱的「生物學哲學」。

三、嚴峻的人格危機：科學和宗教的衝突

　　皮亞傑本人證明，關注整體與部分的論戰，研究哲學史，特別是研究亞里士多德、康德和斯賓塞的著作，與柏格森哲學邂

---

❺　同❷。

逅，使各種不同的思想在皮亞傑未成形的體系中交融。再加上特定的家庭環境的影響，終於釀成了皮亞傑青年期的哲學危機，皮亞傑本人把這稱之為「嚴峻的人格危機」。

危機的釀成有兩個原因：

(一)皮亞傑的母親是一個虔誠的基督徒，她非常希望自己的兒子像她一樣，成為一名篤信宗教的人。她堅持讓皮亞傑接受嚴格的宗教訓導，並且為他選擇了一個教父。他的教父對哲學頗有研究，他向皮亞傑推薦了一系列哲學書目，還常常與他探討問題。而皮亞傑的父親是個自由主義者。他認為，「現行的宗教信仰和誠實的歷史批判不相容。」皮亞傑看到，宗教和生物學勢同水火，上帝存在的證明軟弱無力。與此同時，他在父親的藏書中，偶然發現了薩巴蒂爾 (Auguste Sabatier)所著的《論宗教的心理學和歷史基礎》。這本書把教義說成是一種「符號象徵」(symbol)，並且描述了它的進化，這種觀點很合皮亞傑的口味，用他的話來說：「現在，一種全新的觀點左右著我：哲學。」❻科學、哲學、自由思想使皮亞傑的宗教信仰動搖了，他對宗教信條產生了懷疑。

(二)他遇到了柏格森哲學。在神父推薦的書目裡，他特別欣賞亞里士多德和柏格森的著作。這是順理成章的事。因為，這兩個人都是從哲學的角度考察自然科學和生物學，與皮亞傑的興趣和知識背景一拍卽合。尤其是柏格森哲學，使他感受到一種深深的心靈撞擊。他回憶說，《創造進化論》使他第一次聽到了真正的科學哲學，受到了深刻的震動。「首先是感情的震動。我回想

---

❻　同❷。

了一夜間深刻的發現，上帝及其身世的證明使我心醉神迷。因為祂使我看到了生物學對一切事物和心靈本身的解釋。其次是理智的震動。認識問題（確切地說是認識論問題）驟然以一種全新的維度呈現在我面前，成為引人入勝的題目。它使我立誓將一生獻給認識的生物學解釋。」 ❼

不過，皮亞傑感到，從生物學不可能直接進入哲學，它們之間應該有一個中間環節。「在生物和認識的分析之間，我需要某種與哲學不同的東西。正是在那一時刻，我發現，只有心理學才能滿足這種需要。」 ❽

在以生物學為基礎的認識論見解的激勵下，皮亞傑開始清理自己的思緒，以便度過危機。皮亞傑的自傳體哲學小說《求索》（*Recherche*）詳細記載了危機的形成和解決過程。

Recherche 的英文譯名是 *Search*（求索），從它的內容來看，也有 Research（科學探索）的意思。本書不是通常意義上的小說，它有點兒像盧梭的《愛彌爾》。它是小說式的個人日誌。它的唯一對象是自我（ego）。

小說分三個部分：危機的前奏、危機時期、危機之後真理的重構和重新發現。小說的主人公叫塞巴斯蒂安，是瑞士的新教徒，一個16～20歲之間的青年。主人公是一個真理和終極價值的探索者。小說從一開始就描述了這個青年眼中的苦難世界。戰爭使每個人經歷了最大的不平衡，然而世界的痛苦，更使塞巴斯蒂安為之動容。他認為，群眾的思想潮流，每次的嘗試和爭論，都

---

❼ *Essential Piaget*. p.45.

❽ Piaget: *Recherche.* 有關內容可參見 *Essential Piaget*, p.42～50.

與觀念的效果有關。他目睹了信仰的衰落和更新，看到科學滲透到哪裡，哪裡就有爭論。因為人們需要信仰，也需要科學。他們若是依附信仰，理性便會淹沒在神祕主義之中，他們將會因無結果的妥協受到譴責。如果他們承認科學，他們又必須保證忠於更令人厭惡的經院哲學。經院哲學瓦解了敢於創新的任何探索，使自由和真理的器官窒息。

塞巴斯蒂安對普遍的痛苦深表同情。他在絕望中度過了孤獨的歲月。當他再也不能忍受時，他終於爆發了。在嗚咽的顫慄中，他向他的上帝哭訴，求祂幫助，解除痛苦。他成功了，他找到了問題的癥結。他認為，當代一切不平衡的核心是使科學和信仰調和的問題，就像在十八世紀沸沸揚揚的信仰和哲學的對立一樣。教義混和了善與惡的存在秩序，而信仰則混和了價值和生命的存在秩序。問題在於理解價值存在的正當理由。對於天主教會來說，價值依賴教會的權威。這一權威來自上帝，耶穌基督本人。但是，耶穌之所以是上帝，那是因為教會肯定了祂。因此，正像盧梭所說的，教會的權威取決於下述的惡性循環：

自康德以來的另一些人認為，一切形而上學都是不可靠的。信仰不可能以理性為基礎。帕斯卡（Pascal）試圖把信仰建立在猶太人歷史的基礎上；拉門奈斯（Lamennais）則認為，信仰的基

礎在於非猶太民族的一致。盧汶大學的新托馬斯主義則把科學和
信仰分爲兩個不同系列。

衆說紛紜的解釋使塞巴斯蒂安如墜煙海，他漸漸不相信天啓
上帝了，因爲上帝聽任人們對善與惡的無知，祂在反對邪惡方面
毫無建樹。正在這時，塞巴斯蒂安的教父莫諾德向他推薦了一本
書《信徒和無神論者》。他在這本書中發现了一個基本觀點：上
帝和我們一起鬥爭。但是，塞巴斯蒂安遇到了困難，許多新教都
是羅馬教廷 —— 教會的唯一托管者 —— 的拙劣模本。在新教教義
中，只有《聖經》才是信仰的依據。然而，美中不足的是，它的
解釋是公開的，因而只代表了個人見解，所以，有多少人就有多
少解釋。這種不統一狀況，是信仰和社會的致命癥結。塞巴斯蒂
安希冀在新教青年自由主義和塞巴蒂爾的象徵主義中找到答案，
因爲他們把信仰與它的智力外衣分離開來。不過，這種錯覺轉瞬
卽逝：在自由主義運動中，居然有如此變化多端的傾向。哲學家
們尋找新形而上學；社會主義者們，最終放棄了他們各自的教
派；神祕主義者們投入天主教的懷抱；最後，還有一些學者證實
了活的信仰和死的理性。他們把信仰想像爲純形式，每個形式都
具有與個人欲望相符合的內容。這一答案也許是空洞的象徵主義
和無結果的教條主義的妥協。他感到失望了。

這時，塞巴斯蒂安已經成爲一個訓練有素的自然主義者，對
宗教失去信心之後，他決心投身於哲學。他認爲，有三類哲學未
憑藉信仰證明美德，它們是實證主義、實用主義和柏格森主義。
從皮亞傑畢生的事業可以看出，這三種哲學在他的體系中很和諧
地結合在一起。富利認爲，觀念也遵循進化法則，塞巴斯蒂安對
這一見解很感興趣。這促使他在精神方面走向普遍的心理學，在

物質方面走向普遍的機械論。他認為，觀念是一種力，它與物質力相結合構成了生命。但是，這一推理是循環論證，因為觀念不是一種意識形態，而是一種力群。這些力獲得的平衡，只能是現實，不是理想。因此，它只是陳述性的，所以它不能說明任何信仰是正確的。

富利的這種實證主義與布特魯斯的見解相對立。後者把從屬於機械決定論法則的科學與浸透了神的辛勞的宗教區分開來。他認為，如果有可能從較高走向較低，就不可能反過來逆行。因此，如果人們不能從較高推出較低，人們就不可能由上帝推出世界。從實證主義的觀點來看，這一點一經確定，信仰和科學就不可能調和。

柏格森對此也做出了解釋。一方面是理性，它形成了使世界空間化的科學；另一方面是生命的直觀，它是不斷變動的、熱忱的，使世界的一切時間化。但是，直觀只是不可言喻的神祕經驗，或者理性的擴大。在第一種情況下，它是不可言傳的；在第二種情況下，它失去了特點。柏格森清楚地看到了問題，他提出的這種解答是一種時間概念。這種解答能夠容忍這些對立，它與不連續的、非時間性的、排斥這些對立的數學形成了鮮明的對比。

在塞巴斯蒂安眼中，新科學，如亞里士多德的生物學，蘊涵著這類答案。同時，塞巴斯蒂安還有最後一個障礙需要克服：實用主義。實用主義是哲學的沒落時代。它「像一個騙人的丈夫，只想要更多對他有用的現實，唯恐別人發現他的私生子」❾。實用主義把價值當作一種短暫的東西，把價值當作不能達到的東

---

❾　同❽。

西。柏格森主義認爲價值至關重要，但是，卻無法說明它。這三類哲學，都有使他不滿意的地方。

　　從現在開始，塞巴斯蒂安認爲，由於學說可能會發生無限的變化，所以他必須依賴不變的法則，這些法則也許不完善，或者是理想化的，但是，它們絕無虛假。這一解答方式有雙重優點：它表明，學者的教條主義證明了他們的無知，但是，更重要的是，它證明了科學的圓圈：

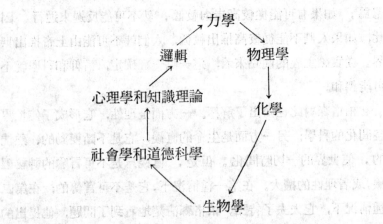

在這一圓圈中，一種科學法則是另一種科學法則的基礎，它貫穿於一切中間階段，從非教條的數學唯心主義一極，到生物實在論教條的一極。

　　世界受觀念支配，社會實質上是一個有機體，它的進化取決於兩個原因：一個是內在的邏輯，另一個是外在的偶然性。內在因素強健，就會摧毀歷史的偶然事件。若是它們軟弱，就會使自己順應 (accommodation) 歷史，而且，勢必要與歷史的偶然事件形成平衡關係。可以說，這是觀念世界的騷亂和社會騷亂的因果關係。前者產生了社會運動中內外原因的不平衡。猶太人就

是一個明顯的例子。猶太民族是歷史上最古老的宗教民族，他們的歷史顯示出濃重的孤傲和民族主義。當他們國際化時，他們同化了世界各民族的文化，把自己變成了世界上最有智慧的、最熱愛藝術的民族。塞巴斯蒂安由此斷定，原始的基督徒也有必要向國際主義復歸。

觀念的歷史運動，從中世紀科學與信仰合一，走向文藝復與時期的世界和諧。到了十八世紀，人類的冒險誘發了法國大革命。這時，科學再也不能使信仰得到豐富了。因此，十九世紀的浪漫主義運動回歸自我，並且抵制科學。浪漫主義運動又產生了實證主義。實證主義利用科學的客觀綜合、信仰的主觀綜合及其運作為社會帶來福利。但是，實證主義不可能流行，因為它缺乏知識理論。

皮亞傑筆下的塞巴斯蒂安深深陷入宗教與科學的衝突之中。宗教令他失望，使他的幻想破滅。而傳統科學也未能為他提供令人滿意的答案。於是，他轉向哲學。他寄希望於哲學，並且考察了實證主義、實用主義和柏格森主義，並對他們一一加以批判。他認為，宗教、科學、哲學都不能令他滿意，他真正感到迷茫了。他陷入了人格危機之中。

小說第二部分題為〈危機〉（crisis）。塞巴斯蒂安在危機的黑暗中深感焦慮和沮喪。他無法自拔。在這種情緒中，他做了一個夢。在夢中他進行了全面的鬥爭，但是他失敗了。他眼睜睜地看著世界在他面前分崩離析，他的幻像漸漸在眼前消失了，世界在巨大、盲目和毀滅的力量中發生劇烈地衝突，這種力量以隱祕的方式決定一切實在。在混沌之中，他看到唯有真理依然存在。這是希望，是動力。他在光明中醒來，感受到前所未有的安寧。

他身上具有的人類力量放鬆了，它們彼此不再爭鬥。他意識到，他不再存在，他的人格已經彌散到整體之中，不過，他身上還有一縷意識的光輝，是由其他部分解析出來的，當遠景消失時，這一縷意識的光輝依舊閃光，由記憶滋養。此時他的信仰經歷了六個階段的變化：(1)正統觀念。(2)反抗謬誤。(3)在喪失信仰的恐懼中沉淪。(4)在絕對象徵主義基礎上重建信仰。(5)又一次失去信仰，連象徵主義的信仰也未能倖免。(6)尋找新科學。此時此刻他彷彿認識了深不可測的上帝。他把自己的一切掬給上帝，他擔心自己是否能夠完成調和科學與宗教的神聖使命。

他認定，若要完成這一使命，必須以至關重要的生物學問題：種的變異為起點。他是個自然主義者，有這方面的體驗，同時他深悉柏格森的種科學，所以，他自信他能夠輕而易舉地討論這一問題。他認為，種的研究和生理科學包含了所有的進化。道義與義務是一對孿生姐妹，它的昇華便是種和個人的關係。社會學、美學，乃至宗教也是如此。總之，一切都可以歸結為種的問題。每個生命機體都有內在的組織。組織受整體屬性與部分屬性平衡法則支配。每個真正的組織都是不穩定的平衡，它將趨向理想的平衡。獲得理想平衡的組織是理想的組織。理想的組織是好的、美的，是宗教的平衡。道德、藝術等的平衡，也以不同形式趨向於理想的組織。組織也是心理學和社會學法則。總而言之，組織是世間一切事物的法則，而平衡，特別是完善的平衡，乃是一切組織的基本趨勢。一切問題都是平衡問題。新科學給塞巴斯蒂安帶來了兩個夢幻般的憧憬：生命整體的憧憬和自身意義的憧憬。然而，這裡仍然有疏漏。科學，即使是新科學，也只提供了有關生命和價值性質的知識，但是，它並沒有，實質上也不可能

爲生命提供任何價值。它提供了生活方式，並未賦予生活目的。因此，價值問題仍然未能解決，它仍然不屬於科學範圍。塞巴斯蒂安順著這條路走下去，但是，他未能達到終點。爲了探討眞理，他必須相信眞理的價值，然而，他的信仰仍然使他困惑。

儘管有這些疑慮，塞巴斯蒂安仍然與自己鬥爭。他感到通身的力量如此之大，自己竟然不能戰勝它。除了他自己以外，他還受一個新的敵人「可怕的生命需求」的統治。如果他想貫徹他的思想，就必須征服這個敵人。他又感受到發自自身的、處於混沌狀態的各種衝動，他不知道什麼東西使他如此痛苦。爲了勞其筋骨，爲了把自身的諸多存在理出頭緒，他投向山林，於是，危機達到高潮。

塞巴斯蒂安沿著巨松蔽日的山腰小路行走，幾縷神祕的光線透過濃密的樹冠照射在林中小路上。空中傳來陣陣令人心曠神怡的音樂。突然，一種強有力的「殘暴的生命」侵襲了他，他的意識受到了強有力的震撼，他漸漸融入物質之中，他與整體（All）結合了。他熱切地渴望過幸福的生活，他爲被吸入熱情和感受的深淵而感到欣喜若狂。他把非時間的存在，拋入非存在的黑暗之中。霎時間，他腳下的那條路離開了森林，通向一片谷地，那裡有綠色的農田，還有一條蜿蜒曲折的小河。在離它不遠的地方，高聳著積滿皚皚白雪的阿爾卑斯山，只見它山巒疊障，寧靜肅穆，有一種撼人心魄的力量。這個龐然大物把他的寧靜和氣勢傳遞到塞巴斯蒂安的精神之中，使他能夠重新振作起來，在令人崇拜、寧靜的美之中，重新建立自我與自然的正常關係。這種鮮明的對比使塞巴斯蒂安感到戰慄。他有必要在兩種態度，激情或者善之間作出抉擇，而且必須爲了一個犧牲另一個。一陣狂亂之

後，他看到了激情棲息的場所。在這種景象中，最終會取勝的生活意志發出一種聲音，這種聲音告訴他，把激情作為一種生命的延伸是錯誤的。激情是生命的轉移，它在死亡與毀滅的喧囂中，把個人的精力消耗殆盡。激情彷彿是是沖上堤岸的激流，它沖垮河床，使田園荒蕪。那個聲音呼喚他鼓起勇氣，繼續鬥爭、思考、探索、熄滅激情，理性地探索新科學。

這是塞巴斯蒂安危機的轉折點。從此以後，探索賦予生命一種價值。「塞巴斯蒂安的探索必然要取勝，因為他的每個探索都是一種宗教。每個探索都憑藉存在斷定，在生命、宇宙以及一切未知物中，都有絕對價值，它是真理和善的一切價值的源泉。若不是這樣，一切探索都是不可能的。」[10] 更新信仰之後，他感受到前所未有的歡樂，他把這種具有絕對性的新信仰作為自己的使命。「他從來沒有如此堅信理論研究的價值，因為他僅僅憑藉這一研究，就把自己從不確定性中解救出來，也是僅僅憑藉這一信念，他挽救了自己的生命，展示了他的信仰。他那沸騰的大腦徐徐掠過一個奇妙的方案，這方案重新規劃了科學藍本，其中包括被放大的孔德實證主義哲學 —— 生命科學的綜合。」[11] 塞巴斯蒂安對真理和價值的探索，以科學研究告終。

皮亞傑在〈危機〉中所闡述的調和科學與宗教的衝突，是一種非常奇特的思想。他認為，若想建立二者之間的調和，有兩個關鍵的要素：一個是平衡問題，一個是人的激情問題。當他發現一切科學都有問題，一切平衡問題的背後都有組織問題時，他認為自己找到了解決問題的關鍵；然而當他著手解決問題時，那洶

---

[10] 同[8]。
[11] 同[8]。

湧澎湃的信仰思緒，又使他陷入困境。信仰的激情猶如那咆哮的激流，沖垮了他思想中的平衡，在一番美妙的遊歷之後，大自然的寧靜使他豁然開朗。他意識到激情造成的障礙，他聽從自然的呼喚，丟掉激情，理智地進行探索。此時此刻，他覺得自己與自然渾然一體了。他成功地走出危機。他從此確立了新的使命：努力克服激情，理智地探討科學的平衡，以此調和科學與宗教。他為此歡欣鼓舞。

　　小說的最後一部分題為〈再建構〉（The Reconstruction）。這一部分更為詳細地說明了塞巴斯蒂安有關新科學的一些基本觀點。新科學的起點是心理學。皮亞傑指出，種的平衡可以解釋不同的感覺特性，但是，它怎樣與知覺聯繫起來呢？「如果這些特性沒有聯繫，如果這些特性沒有在整體特性中融合，也許就不可能意識到這些特性，因而這些特性也不可能存在……特性之間平衡的獨到之處在於：不僅毫無聯繫的部分之間存在平衡（物質的平衡），而且也存在部分與整體之間的平衡。每個部分彼此不同，而且有獨特性，整體是從部分特性中產生的哲學特性。」❷塞巴斯蒂安進一步指出，純粹的機械平衡和種的平衡的區別在於：前者，整體是組成他的個體力量相加的結果；後者，整體在形成自身的同時，形成了一種力量，這種力量高於運作中的個體力量。這一差異形成了兩類科學活動模式：法則模式和種模式。物理學家的思維是從部分到整體，而種迫使思維從整體到部分。整體的現實性作為一種力，使種呈現出某種定局，儘管事實上並不是如此。

---

❷ *A History of Psychologic in Autobiography.* p.243.

　　然而種的平衡並不限於心理水平。事實上，它是一切生命組織的形式。器官的組成和它們的化學性質已經掃除了生命和物質之間的一個個障礙，達到了平衡。我們依舊把生命定義爲同化。同化乃是一切組織的源泉。生命只有通過同化，卽再生與自身同一的實體，它才活著。因此，整體才具有穩定、獨立的特徵。另一方面，它受它所同化的實體的影響，換句話說，受環境影響。因此，它有變異，表明各部分的特性是異質的。皮亞傑認爲，「種」的器官平衡有四個法則，它們支配著整個生物學。

　　第一法則，每個組織都有自我保存的傾向，當部分和整體的特性相一致，從而出現了相互保存的傾向時，第一種形式的平衡出現了。第二法則，環境很容易破壞第一個平衡形式，迫使機體不斷屈服於新的影響。這一傾向代表了第二個平衡形式。在這個平衡形式中，各部分的特性與整體特性再也不相容了，因此，整體和部分都以犧牲對方保存自己。不過，第二種平衡形式將引發第三種平衡形式，它被描述爲第三法則。當部分和整體彼此不相容時，它們在相互作用中彼此改變對方。當整體中各部分的活動與整體自我保護的內在傾向相結合時，第三種平衡形式出現了。所以它經歷變化以後，使自己得以保存。第四法則是最重要的。所有的平衡都要趨向第一種平衡，它的特點是整體和部分互助共存。因此，第一種平衡是理想的平衡，一切現實的平衡都趨向於這一平衡。事實上，一切生命組織的特點就是不穩定的平衡，它們與環境接觸之後這種平衡不斷發生變化。不過，它們還會不斷趨於穩定。就像它們將不斷受環境影響一樣。

　　組織在生物學中也存在，個體有機體與他們隸屬的種之間的關係，便是組織的重要一例。在這種情況下，個體是部分，種是

整體，進化便是達到二者之間的穩定平衡。這種探討有可能把拉馬克主義和達爾文主義的見解調和起來，而且有可能從中推出眾所周知的生物學法則。但是，平衡的運作不受終極原因的支配，當一個體系趨於平衡時，它並不追求預定的目標。用平衡表示的進化概念，並不是目的論概念。

這種生命組織概念只是心理學概念。在基本的思維法則中，組織自我保存的傾向可以被看作同一律和不矛盾律的起源。同樣，由充足理由律可以推出組織形式，在這種組織形式中，部分在與整體的結合之中得以保存。至於價值問題，我們知道只有絕對價值才是生命的肯定。絕對本身超越了我們的知性。但是，生存意志把我們與絕對聯繫起來。生存的價值是生命內在組織的直接結果。肯定這種價值本質上是一種信仰。

這些術語也可以解釋社會秩序。社會是整體，個人是部分，道德是二者之間的平衡，邪惡則相當於這樣或那樣的不平衡：或者為了社會犧牲個人，或者為了個人犧牲社會。在個體水平上，也存在道德的平衡問題。個人的道德平衡就是善，是個人自身的適應和人的社會平衡之間的平衡。人有義務實現人格的平衡，人格的平衡包括人與人之間的關係。實現人格平衡的兩個主要障礙是自我主義和激情。二者都過高估計了與整體相關的部分，部分或者是自我，或者是人格。美的情操是與理想的平衡相和諧的存在感，它處處表現出與道德有深刻的淵源。

皮亞傑的闡述，又把討論帶回了他的起點：宗教問題。宗教的客觀方面是為了實現社會秩序中的理想平衡犧牲個人利益。因為這一理想的平衡是完美存在的平衡，在某個時刻，這種平衡只能部分地實現，它內在於世界之中，同時又是超驗的。它之所以

是內在的，乃是因爲它是一種理想，是「應該」，總體上是不能實現的。只有在良心的體驗中，個人利益才從屬於理想，絕對價值完全成爲世界的化身。調和科學與宗教的任務，在這樣的思考中完成了。種的新科學以生物學和心理學爲基礎，但是，它也爲生命的終極價值和意義問題奠定了堅實的基礎。把平衡法則應用於社會秩序，意味著有可能進行社會變革。這些變革的一般方向是「社會主義協作」和「世界聯盟」。資產階級個人主義和集權經濟的集體主義，代表了不同的不平衡形式，他們將爲此受到譴責。

資產階級政權是不正常、不公正的，它並未以任何一種方式保證個人利益和社會利益之間的平衡。某個特權階層自身形成了一個共同整體，享有既定的資產。個人之間的不平衡支配著這個整體的核心，他們自己中的每個人只與自己和家庭有關係。集體主義政權壓抑個人的創造性，使資本集中，它運用這種方式，給予那些協作者應得的勞動報酬，由此保證個人的自主權。

社會問題是皮亞傑在《求索》一書中最後一個問題。可以看出，解決這一問題的標準依舊是整體與部分之間的平衡問題。最後皮亞傑得出如下結論：「我們一直試圖說明戰爭引起的最急迫的問題，社會的道德品格問題。因爲，只有在人性中，我們才有可能透過諸多的使命進行相互交流，只有人性才能使科學與宗教和諧。」⑬

皮亞傑的自傳體小說《求索》，基本上展示了皮亞傑一些基本觀念的萌芽，也表明皮亞傑思想的發展首尾一致。其中有三點

⑬ 同⑫，p.244.

極爲重要：(1)活動是思維的基礎，但是，活動本身以某種邏輯或結構爲基礎。(2)在生命的各水平上，種的概念都指一種相互關聯的整體，它的基礎是組織。(3)在各水平上，都有動態的平衡。

　　皮亞傑在阿爾卑斯山度過了這場危機，同時將養身心，恢復體力，當他從山上下來時，已經不是那個百魔附體的青年了。他告別了激情的大學時代，信心十足地踏上了尋找新科學的道路。

叁・尋找新科學：生物學—心理學
—發生認識論

　　一九一八年，皮亞傑獲得科學博士學位。同年到蘇黎士旅行，在那裡，他參觀了李普斯 (Lipps) 和雷希納 (Wreschner) 的精神病診所。他在自傳中描述了他當時的感受，心理學實驗室的前景使他深感亢奮：「我立刻感到，那裡向我展示了一條路，我可以用心理學實驗，解釋我在動物學中獲悉的心理習慣。我也許可以用它解決我的哲學思維問題，這些問題把我引向整體結構問題。」⑭爲此，他在那裡工作了一段時間。他很快就發現，李普斯和雷希納的研究與他所考慮的基本問題似乎關係不大。同時，他還在瑞士精神病學家布魯勒 (E. Bleuler) 的精神病診所工作。在此期間，他閱讀了弗洛伊德的著作，出席榮格等人的精神分析學講演。弗洛伊德的理論引起了皮亞傑的興趣，他根據精神分析理論寫了一篇有關兒童的夢的論文，弗洛伊德本人對這篇文章甚爲關注。在蘇黎士工作不到一年，皮亞傑便感到實驗室的工

---

⑭　同⑫，p.235.

作單調乏味，他認爲精神分析學高度思辯，而且缺乏科學性。在惶惑之中他決心離開蘇黎士。儘管如此，蘇黎士之行還是對他產生了不可估量的影響。實驗室的工作使他獲得了實驗心理學的知識；精神病診所的工作，使他見識了弗洛伊德的臨床法，這種方法使皮亞傑受益匪淺；更爲重要的是，與布魯勒接觸使皮亞傑終身受益，「布魯勒的教誨，使我看到獨自沉思的危險；於是，我決定放棄我的體系，免得成爲『我向思維』（autism）的犧牲品。」

一九一九年秋季，皮亞傑來到巴黎，在巴黎大學度過了兩年。在這兩年期間，他主要有兩方面的收穫。第一，在巴黎大學研究心理病理學。他這時的興趣主要在精神分析學和臨床精神病學。在心理病理學研究中，皮亞傑開始使用在蘇黎士學到的臨床法，企圖運用這種方法揭示思想結構和人格。儘管皮亞傑認爲精神分析不夠嚴謹，臨床法是一種非標準化的方法，但是，他看到了其中的一些重要概念和具體技巧，這就爲皮亞傑著名的「臨床法」奠定了基礎。第二，他選修了布隆施維希 (Brunschvicg) 的科學哲學。布隆施維希的心理學方向和歷史批判方法，對皮亞傑產生了經久的影響，從皮亞傑畢生的作品可以看到，布隆施維希的名字和言論頻頻出現，他對皮亞傑的影響由此可見一斑。

一九二〇年，皮亞傑與西蒙（Simon）邂逅。西蒙與比奈 (Binet) 共同發明了智力測量表，並且執掌巴黎的比奈實驗室。但是，由於西蒙當時在里昂生活執教，不能充分利用比奈實驗室。西蒙雇用皮亞傑，委託他把英國心理學家伯特（Burt）的「推理測驗」標準化，這無疑爲皮亞傑提供了一個領域。雖然皮亞傑對實驗本身沒有興趣，但是實驗卻爲他提供了他所需要的東

西。他採納了神經病學的提問交談法，目的在於發現正確答案的
推理過程，然而，事實是兒童對「推理測驗」的項目，經常作出
一些非同尋常的回答。這些回答通常是錯誤的。皮亞傑對錯誤的
回答十分感興趣，並且從中發現了兩個基本事實：(1)同年齡的兒
童回答問題會出現同樣的錯誤。(2)隨著年齡的增長，兒童回答中
的錯誤有相應的變化，這種變化呈現出一定的規律性。皮亞傑從
這兩點事實斷定，兒童回答中的錯誤不是偶然的，與他們的心理
結構有密切關係。最簡單的推理任務，也有部分與整體關係的協
調問題，「最後，我發現了我的研究領域。首先，我越來越清楚，
在邏輯運算的基礎上進行心理過程分析的實驗研究，闡明了整體
與部分關係的理論。這標誌著我的『理論』時期結束，心理學領
域的實驗和歸納時代開始。我一直想進入心理學領域，但是，直
到那時，我還沒有發現適宜的問題。因此，我觀察到，邏輯不是
天生的，而是逐步發展而來的，這與我關於平衡形成的想法是一
致的。心理結構的進化也會趨向這種平衡；而且直接研究邏輯問
題，與我以前的哲學興趣相吻合。」[15]皮亞傑在巴黎期間的研究，
促使他真正進入心理學領域，他感到，兒童的邏輯結構與成人的
邏輯結構有重大差別，考慮到個體發生可以為種系發生提供線索
這一生物學原則，皮亞傑決定探索心理學，以揭示人類思維發生
發展的奧祕。而且令皮亞傑興奮的是，這個領域是從生物學進入
認識論的橋樑。

　　皮亞傑在巴黎期間的研究成果，直接體現於一九二一至一九
二三年發表的三篇文章中。

　　第一篇文章是他進行心理學研究的實驗報告，題目是〈兒童

---

[15]　同[12]，p.245.

部分概念發展面面觀〉。這篇文章主要探討兒童的部分概念。透過臨床問答法，皮亞傑確定兒童對於部分的認識大致有三個階段：(1)兒童根本不知道部分與整體的差別。(2)一定年齡的兒童似乎注意到了部分，但是，他們顯然把部分等同於整體。(3)稍大一點的兒童雖然懂得整體與部分不一樣，但是，他們很快就忘記了其間的差別。這裡值得一提的是，皮亞傑根據兒童回答問題的特徵，把兒童對於某些問題的思考分為幾個階段，在某種程度上預示著他後來的發展階段理論；此外，皮亞傑力圖闡明兒童推理中，邏輯因素和心理因素之間的對應關係。他認為邏輯錯誤與缺乏注意場有關。注意場的形式和邏輯形式之間，是前件與後件的關係。他們之間也存在著相互影響，注意場的形式是邏輯形式的模本。邏輯形式擴大了注意場，與此同時，他自身的形式也在進行協作。不過注意場也不是完全被動的，它也能夠促進新的邏輯形式的形成；皮亞傑還斷定，兒童的整體概念從一開始就被分為部分，即，他們的注意場把事物分為單元，這些單元之間尚未發生聯繫。所以，他們只能根據類或者謂詞，而不是根據相互關係來解決邏輯形式和注意場之間的關係問題。

第二篇文章主要探討邏輯運算中整體與部分的關係。本文是前一篇文章的繼續。第三篇文章主要對兒童的思維與心理分析的「象徵性思維」加以比較。第三篇文章引起了瑞士盧梭學院院長、心理學家、國際應用心理學會會長克拉帕雷德的注意。他立即揮書邀請皮亞傑擔任盧梭學院研究部主任。皮亞傑慨然允諾，並於一九二一年回國就職。

當時的盧梭學院是一個研究兒童、訓練教師的中心。是世界上最傑出的法語教育研究中心。讓年僅 24 歲的皮亞傑做研究部

主任，在心理學界是件非同小可的事。皮亞傑在這裡開始了自己真正的學術生涯。克拉帕雷德院長是個作風極為民主的長者，他讓皮亞傑在自己的研究領域中自由馳騁，對他從不加以任何干涉。良好的客觀條件激發了皮亞傑思維的創造性。他計畫用二至三年的時間研究兒童的思維，然後研究嬰兒心理生活的起源。他的研究成果，分別發表於五本書中，這五本書是：《兒童的語言和思維》、《兒童的判斷和推理》、《兒童的世界概念》、《兒童的物理因果概念》、《兒童的道德判斷》。

　　一九二三年和一九二四年發表的兩本著作，著重探討了兒童的語言、思維、判斷和推理怎樣從以自我為核心的「自我中心狀態」（egocentric），發展到平衡狀態。總的來說，這兩本書只能算初試鋒芒。皮亞傑學生時代奠定的生物學基礎、人格危機前後思考的哲學問題，以及巴黎時期初識的心理學體系尚未融會貫通，他還沒有形成自己的體系，描述問題的術語有嫌混雜，對實驗材料的解釋不夠充分。這些缺憾並不能使皮亞傑的思想黯然失色。儘管學術界有人批評皮亞傑「光在嘴巴上提問題」，未見得靠得住，但是，人們也必須正視一個現實，那就是皮亞傑獲得了豐富的第一手資料，這些資料對傳統思想富有挑戰性。皮亞傑也提出了一系列嶄新的觀點：兒童的思維不具有成人的那種客觀性，他們是自我中心的。兒童之所以是兒童，就是因為他們沒有成人的邏輯，他們的語言、思維、判斷、推理，都不遵循成人的規律。但是，這種「不合邏輯」的邏輯，日後將成為真正的邏輯──純邏輯，而純邏輯的基礎，就是這種「不合邏輯」的動作邏輯。

　　一九二六年和一九二七年的兩本書，主要研究兒童怎樣認識

客體的屬性。皮亞傑指出，對於世界和因果關係的看法，兒童與成人相比有三個顯著的特點：(1)泛靈論。在兒童心目中，一切事物都是有生命的、有目的的東西。(2)目的論。表現爲把物體生命化，認爲事物的變化有某種目的支配。(3)人爲性。認爲一切事物都是人爲的因素造成的。《兒童的道德判斷》主要研究道德的起源，這個問題我們以後列專章探討，這裡就不贅述。

在盧梭學院任職期間，皮亞傑結識了瓦朗締納·夏特內，一九二三年結婚。旋即，在一九二五年，皮亞傑的母校納沙特爾大學聘請他出任該校哲學教授。他接受了這一職務，同年與妻子一道離開日內瓦，前往納沙特爾大學就職。在一九二五至一九三一年，他的三個孩子相繼出世。皮亞傑詳細記錄了三個孩子兩歲以前的行爲方式和思維發展過程。並把兩歲以前的智力命名爲感知運動智力。研究結果於一九三六至一九四五年公布，這三本書是：《兒童智力的起源》、《兒童對現實的建構》、《兒童象徵性的形成》。

這三本書標誌著皮亞傑的研究進入了草創認識論階段。這時的皮亞傑主要研究兩歲以前的兒童的認識發生發展問題。他說明了主體的認識圖式在同化、順應、平衡的作用下，如何發生發展；客體、時間、空間、因果等概念，如何與圖式同步建立起來。皮亞傑把這一過程稱之爲雙重建構。感知運動階段只是雙重建構的起始階段。這一時期皮亞傑的研究有三個顯著特徵：(1)歷經多年的研究，皮亞傑形成了一套足以代表自己理論特點的術語，儘管這些術語是從其他學科和流派借來的，但是，他們的內涵已經圍繞建構主義進行了改造，和他的內容有機結合起來。以致研究發生認識論，就必須理解他的獨特術語。(2)注重從主體的外部

活動和內在機制揭示主體、主體認識,乃至客體的發生發展,著重解決思維的形式與客體發展的關係問題。(3) 方法也有所突破。皮亞傑這一時期使用的方法不是問答臨床法，而是實驗臨床法。事實證明，這一方法對於研究發生認識論發揮了不可忽略的作用。

　　一九二九年，皮亞傑辭去納沙特爾大學的教學工作，又回到盧梭學院。一九二九至一九三九年是皮亞傑異常繁忙的十年。在這十年間，皮亞傑負責重新組合盧梭學院，把他由原來的私立學校，變爲日內瓦大學的附屬組織，皮亞傑任院長。皮亞傑在三〇年代還擔任聯合國教科文組織的教育局長。這一職務占用了皮亞傑不少時間，也使他在五〇至六〇年代，有機會利用這一便利條件，按照他的兒童心理學理論在歐洲推行教育改革。此舉使皮亞傑獲得國際教育改革家的殊榮。與此同時，皮亞傑依然孜孜不倦地進行學術研究。當時，他在日內瓦大學講授科學思想史，爲了適應教學的需要，爲了進一步說明感知運動階段之後兒童智力發展的情況，特別是認識在較高級階段的發展，他與他著名的學生英海爾德(R. Inhelder)一道,廣泛研究了兒童的邏輯、數字、空間、時間、幾何、因果等概念，研究結果發表於四〇年代用法文撰寫的幾本書中。它們是:《兒童的數概念》、《兒童數量關係的建立》、《兒童的運動和速度概念》、《兒童的空間概念》、《兒童的物理因果概念》、《兒童的幾何概念》、《兒童的時間概念》。皮亞傑透過這些概念的研究，進一步說明了感知運動階段之後，認識在前運算階段、具體運算階段、形式運算階段的發展過程。這幾本書的問世,標誌著皮亞傑的發生認識論體系趨於成熟。

　　四〇年代，世界經歷第二次世界大戰。皮亞傑作爲中立國的公民能夠倖免於戰亂。然而，作爲一名正直的學者，他試圖去從

軍，但因年齡已大，只能繼續從事學術研究工作。戰爭對每個人的生活都會產生影響，皮亞傑身居斗室，卻深感自己有義務伸張正義。於是，在一九四二年，皮亞傑冒著危險，一路風塵來到德軍占領下的法國，在法蘭西學院發表了關於智力發展的一系列講演。從表面上看，演講題目與戰爭毫無關係，但是，皮亞傑堅信，一位中立國公民在德軍占領期間，一如既往地同法國人民進行學術交流，這意味著承認法國人民的主權，是對法國人民的特殊支持。他還堅信，他的演講將會激勵法國學術界在德軍占領期間堅持為法國人民工作，為法國未來的學術繁榮而奮鬥。

從四○年代後期開始，皮亞傑總算完成了兒童心理學的研究，進入哲學領域。《智慧心理學》、三卷本的《發生認識論導論》就是皮亞傑正式進入哲學領域的標誌。這兩本書總結了皮亞傑近三十多年的研究，詳細論述了思維的形成過程，提出認識的發生，經歷了感知運動階段、前運算階段、具體運算階段、形式運算階段。這四個階段呈結構性發展。通常認為，這兩本書是皮亞傑發生認識論成熟的代表作。

一九五四年，在加拿大舉行的第十四屆國際心理學會議上，皮亞傑當選為心理學會的主席。一九五五年，在洛克菲勒基金會的資助下，皮亞傑在日內瓦創立「國際發生認識論中心」，皮亞傑任中心的主任。中心的宗旨是傳播和發展發生認識論，聯合不同學科的專家和學者，共同探討思維的發生和發展問題。每年年終在中心的刊物《發生認識論研究》上，刊登參加討論的優秀論文。直到現在，這種學術討論會還在繼續。研究中心目前已經成為哲學家、心理學家、生物學家、邏輯學家匯集的場所。由於他們都致力於從不同角度研究認識問題，所以學術界常常把他們稱之為日內瓦學派。

六〇至七〇年代，皮亞傑的研究重點從思維的形式方面拓寬到形象方面。用西方學者的話來說，就是建立「最新現象學」。皮亞傑用了近四十年的時間研究與認識圖式的發展階段有關的問題。但是，圖式的發展只是認識發展的一個方面，他深感不應該忽略另一個重要方面，即，哲學和心理學所探討的知覺、表象和記憶問題。為了使發生認識論更深入地揭示思維的本質，皮亞傑開始研究這些問題與圖式理論的關係問題。一九六一年，皮亞傑發表了《知覺機制》，一九六六年，與英海爾德合著《兒童的心理表象》，一九六八年，與英海爾德合著《記憶和智力》。學術界把這三本書稱之為形象系列三部曲。在這三部書中，皮亞傑把知覺、表象和記憶稱作思維的形象系列，他與思維的形式系列──圖式系列相輔相成，但是彼此不可派生。他們之間的關係是旁系關係。就全部運行機制而言，形象系列受形式系列支配。介於二者之間的是情感系列。關於情感系列，皮亞傑沒有專著論述，不過，他在許多著作中都涉及了這一問題。

六〇年代末，皮亞傑已經是古稀之人，但是，他探求新領域的熱情不減當年。他對結構主義進行了研究，在《結構主義》一書中，皮亞傑對自然科學和社會科學領域中的結構主義進行了批判，詳細闡述了結構主義的公分母──結構的幾大特徵以及結構的運作問題。這本書在學術界引起了轟動，一時間皮亞傑成為人們心目中的結構主義者，與喬姆斯基和索緒爾、列維─斯特勞斯成三足鼎立之勢。因此學術界亦有不少人認為皮亞傑是結構主義者。

晚年，皮亞傑對哲學的生物學機制重新進行了研究，這是皮亞傑畢生的夙願，歷時四十多年，皮亞傑走完了一個圓圈後又回

到了起點。一九六七年發表的《生物學與認識》可以說凝結了皮亞傑一生研究的心血。在書的前言中皮亞傑寫到：「這部理論著作的作者，曾經花費了近四十五年的功夫進行心理實驗，不斷取得進展。」他主要研究以下問題：「研究認識機能的發展，爲什麼不可避免地要提出那些與胚胎發生學有關，因而與有機體和環境有關，特別是與調節問題有關的生物學問題。」這一段話精闢地概括了皮亞傑一生的研究內容。六、七〇年代，皮亞傑還出版了《哲學洞察力與錯覺》、《發生認識論》、《心理學和認識論》、《邏輯學和心理學》、《意識的把握》、《思維的發展：認知結構的平衡》，以及《數學認識論和心理學》等著作，我們在這裡就不一一枚舉了。

一九七七年，國際心理學會授予皮亞傑愛德華・李・桑代克獎，它是心理學界的最高榮譽，相當於科學和文學的諾貝爾獎。皮亞傑因行動不便未能赴美參加授獎儀式，不過，他爲儀式寫了措詞誠懇的賀辭。皮亞傑謙遜地寫道：「我的主要優勢在於擁有第一流的合作者。」

一九八〇年九月十六日，皮亞傑與世長辭，享年八十四歲。據統計，從一九三六年開始，皮亞傑至少獲得三十多個名譽博士稱號。皮亞傑的一生是豐富多產的一生，是創造性的一生。

第一章　認識的形式系列
——發生認識論（一）

　　皮亞傑指出：「當代最著名的生態學家們意識到，認識問題，包括數學這類較高級的人類認識形式，已不再可能是生物學範圍之外的事情。」❶ 這一看法概括了皮亞傑發生學的特點：以生物學爲基礎的認識論。但是，皮亞傑清醒地看到，絕大多數的生物學都有一個致命的弱點，這就是他們都認爲，認識主要是由我們從環境中獲得的信息，也就是後天經驗組成，這些信息以 S→R（刺激→反應）的形式表現出來，它們沒有內在的或獨立的結構。「這種認識充其量也只能在自然選擇的過程中起一點作用——微乎其微的作用。」❷ 皮亞傑認爲，現代發展心理學（特別是格式塔學派）提出了一個更具有啓發性的論點：「全部認識都以一個機體結構爲前提。」❸ 認識的發生發展，主要表現爲結構性質的發展，而結構的發展具有階段性。所以人們常常把皮亞傑的發生認識論稱之爲認識發展階段理論。結構按其強度排列成爲階梯式體系，即由低級到高級。這很容易使人想到金字塔式的等級結構。但是，皮亞傑聲稱，他的結構體系不是建立在臺基上的靜止

---

❶　皮亞傑：《生物學與認識》，三聯書店，1989年，頁1。
❷　同❶，頁2。
❸　同❶。

的金字塔，而只能比做高度在不斷增加的螺旋體。因此，皮亞傑的發生學體系是一個動態體系，是結構的螺旋上升過程，是建構過程。所以,發生認識論又被稱之爲建構主義（constructivism）理論。

認識的建構由哪裡開始呢？皮亞傑認爲：「正如『發生認識論』這個名詞本身所表明的那樣，我們認爲有必要研究認識的起源……每一件事情，包括現代科學最新理論的建立在內，都有一個起源問題，或者必須說，這樣一些起源是無限地往回延伸的，因爲一些最原始的階段本身也總是以多少屬於機體發生的一些階段爲其先導的。」❹ 短短幾句話基本上說明了皮亞傑發生認識論主要目的 —— 探討認識的原始發生，即探討認識怎樣從無到有，從本能到科學思維的過程。

從本能到科學思維，是一個非常複雜的建構過程，它包括兩個系列的發展：認識的形式系列,或稱圖式（scheme）系列；認識的形象系列。前者主要研究主體如何在建立自己認識圖式的同時建立客體，用皮亞傑的話來說,就是研究「主體與客體的雙重建構」；後者研究知覺、表象、記憶如何在圖式系列的支配下發生發展,西方學人稱之爲「認識的現象學」。本章討論認識的圖式系列。

壹·感知運動水平

皮亞傑對感知運動水平智力的研究，是發生認識論的重點，它集中體現在這些著作中：《兒童智力起源》、《兒童對現實的

---

❹　皮亞傑：《發生認識論原理》，商務印書館，1989年，頁17。

建構》、《兒童的語言和思維》、《兒童的判斷和推理》、《兒童心理學》、《發生認識論》、《兒童早期邏輯思維的發展》、《智慧心理學》等。其中，前兩部著作是研究感知運動智力的專著，分別探討感知運動階段主體和客體的雙重建構。

皮亞傑認為，通觀全部哲學史，任何關於認識發展的研究，凡追溯其起源，都會對認識是如何發生的懸案提出解釋。但是，倘若只限於對這個問題的古典解釋，人們就只能問，是否所有的認識信息都來源於客體，或者主體一開始就擁有一些內部生成的結構，並把這些結構強加於客體。

如果研究認識的原始發生意味著說明認識從無到有，那麼，合乎邏輯的結論就是，一開始就不存在認識論意義上的主體，也不存在認識論意義上的客體。只有生物學意義上的生命有機體，這個機體只擁有遺傳獲得的生理結構。在這個結構中，主體與客體完全沒有分化，處於原始同一狀況。因而發生學研究的問題，便是作為主體的主體，與相對於主體而言的客體是如何產生的。而在這一過程中，主體的產生舉足輕重，因為皮亞傑發生認識論的重要前提之一是：主體建立客體。而主體的建立在認識論上主要體現為主體圖式的形成。

一、主體圖式的建立

感知運動階段所建立的主體圖式有三個，它們是第一圖式、第二圖式和第三圖式。三大圖式並不意味著只有三個圖式，而是說有三個圖式系統，每個圖式系統中都有許多子圖式，它們不同方式組合，分別代表了不同階段的行為模式。

第一圖式的建立：感知運動的第一、二階段

第一圖式的建立，大約經歷了感知運動水平的兩個階段。這兩個階段基本上可以被稱之爲本能階段。

第一階段: 運用反射（The use of Reflexes）

如前所述，在認識發生的起點上，無認識論意義上的主體和客體，只有一些能使二者發生聯繫的生理結構，這是人類認識圖式賴以產生的基礎。它提供了使可能變爲現實的唯一手段：活動。即遺傳器官的反饋活動——反射。皮亞傑認爲，如果僅就生理學而言，反射活動沒有什麼意義，但是，若是把它與人類認識無限發展的可能性聯繫進來，就可以看到，它可以導致一系列超越自身的圖式系列體系。

皮亞傑在《兒童智力起源》一書中，詳細記載了嬰兒出生後第一個月的反射活動。剛出生沒幾天的嬰兒只有吮吸反射。當嬰兒飢餓時，把乳頭直接放入他的口中，他立即便會有力地吮吸它。然而，這時嬰兒的吮吸動作並不協調，乳頭常常從口中滑脫，在這種情況下，儘管嬰兒的嘴巴就在乳房附近，但是，他很難再次把它含入口中。然而隨著動作的重複，嬰兒尋找乳頭的成功率與日俱增，直到一次成功。皮亞傑認爲，這一過程說明，吮吸反射圖式隨著生理的需要和習作得到加強和鞏固。

嬰兒的反射得到加強之後，他便處處運用反射。在新生兒的天地裡，一切可接觸的物體，都具有吮吸的功能。於是，手指、玩具、被子等，都成爲吮吸對象。但是，當兒童吮吸它們得不到滿足時，這些客體便會逐漸退出吮吸圖式，吮吸反射範圍縮小，對象固定，這說明客體、主體圖式和活動即將分化。

如何分析這一過程呢？皮亞傑認爲，反射活動只是一種外在的表現，它之所以能夠重複進行，不斷得到加強或者減弱，有極

其複雜的內在機制。這些機制便是同化和順應。

順應 (accommodation)。皮亞傑指出：「內部圖式的改變，以適應現實，叫做順應。」❺ 如下兩點可以證明順應的存在。(1)「順應的第一方面：與客體接觸在某點上改變了反射活動，甚至這一活動遺傳地適應這種接觸，後者也不一定會加強前者。這便是某些本能何以喪失，或者某些反射由於缺乏環境不再正常運作的原因。」❻ 所謂主體與客體在某點上接觸不一定會加強反射，是指嬰兒吮吸其他客體不能果腹時，對其他物體的吮吸反射減弱，最後消失。減弱、消失的原因，便是順應的作用。在這裡，順應的主要作用就在於調整內部遺傳圖式，使某類反射活動對象化。(2) 與環境接觸不僅導致反射活動的發展，而且也使它們以某種方式獲得協調。嬰兒處於哺乳姿勢時，我們讓他自己尋找乳房，或者乳房從口中滑脫之後，讓他自己去尋找，開始常常不能獲得成功，經過若干天反射活動的重複之後，嬰兒的成功率日趨提高。這說明，嬰兒的頭、口、舌之間的動作，逐步獲得協調。這一協調是遺傳圖式協調的結果。某些吮吸反射的減弱、動作的協調，都說明嬰兒與對象的相互作用，使嬰兒自身的遺傳圖式得到改變。

皮亞傑認為，如果反射適應只有順應過程，就會使人誤以為主體在環境面前是被動的，順應便只是行為主義模式 S→R 的別名。「一個刺激要引起某一個特定的反應，主體及其機體就必須有反應刺激的能力，因此，我們首先關心的是這種能力。」❼ 這

❺　皮亞傑：《兒童心理學》，商務印書館，1981年，頁7。
❻　Piaget: *The Origin of Intelligence in the Child.* Translated by Margaret Cook, London, 1977. p.42.
❼　《發生認識論原理》，頁60。

種能力便是與順應相對的機能同化。

同化（assimilation）。「刺激輸入的過濾或改變叫作同化。」⑧同化在生物學、心理學和認識論水平上都存在。「如果在反射適應中必須考慮順應，那麼，順應就不可能與運用反射時固有的漸進同化毫無關係。」⑨同化功能的存在也有兩方面的證據，反射的重複性展現了同化；嬰兒吮吸他所接觸的不同客體也展現了同化。根據皮亞傑的觀點，在反射階段，主體的同化活動可以分爲兩種：泛化同化和識別同化。皮亞傑指出：「我所說的『泛化同化』（generalizing assimilation）就是逐漸使不同的客體與反射圖式相結合。」⑩在只有吮吸反射圖式的嬰兒眼裡，客體只是無差別的吮吸對象，它們無一例外地被同化到同一個圖式中，同化「泛化」了。皮亞傑用一個實例描述了泛化同化的過程。嬰兒從出生後的第一、二周開始吮吸他的手指，又從手指擴大到他的枕頭、被子、床罩等，因而，他把這些客體同化到反射活動中去。皮亞傑強調指出，泛化同化並不是說嬰兒能夠辨別每個特殊的客體，並且有意識地把它們納入主體圖式中。嬰兒沒有個別客體的意識，他只是本能地運用他唯一擁有的圖式同化一切客體。經過這個圖式同化，一切客體都失去特性，只具有可以吮吸的意義。因而客體成爲只適應嬰兒圖式的東西。如何看待泛化同化呢？「從意識的觀點看（如果有意識的話），最初這一同化缺乏分化，而且不是眞正的泛化，但是，從活動的觀點來看，正是圖式的泛化擴張，預示著後來更重要的泛化。」⑪

---

⑧　《兒童心理學》，頁7。
⑨　*The Origin of Intelligence in the Child*, p.47.
⑩　同⑨, p. 47.
⑪　同⑨, p. 48.

反射階段還有另一種同化。皮亞傑把它稱之為「識別同化」(recognitory assimilation)。泛化同化只有在微餓或飽餐之後才會出現。飢腸轆轆的嬰兒急於果腹，這時，他足以在一切物體中辨認出乳房。「這種探究和選擇似乎意味著吮吸圖式開始分化，因而開始有了認識，不用說是一個完全實用和運動的認識，但是，它足以被稱之為識別同化。」⑫雖然這種識別依然是本能地識別，然而它卻孕育著真正的意識，是認識發展中的重要步驟。如何解釋識別同化？泛化同化似乎表現出嬰兒無差別地對待一切客體，但是，蠕動的飢腸卻不允許嬰兒如此瀟灑地對待客體，當吮吸其他客體不能果腹時，乳房的溫香足以使嬰兒產生識別。識別同化出現以後，經過同化活動的重複，他又逐步把識別圖式泛化。久而久之，兒童的動作意識中萌發了對所接觸物體的真正比較。這表明，反射重複在一些方面自然而然地導致認知同化，儘管認知同化完全是實用的。但是，它構成了認識的開端。更重要的是，反射的重複導致客體的一般化，並且把客體泛化同化到活動圖式中。由於吮吸反射從為進食而吮吸變為為延緩飢餓而吮吸，為吮吸而吮吸，從而引起同化圖式逐步分化。「總之，延長反射適應的同化，以三種形式出現：累計重複、隨著新客體與活動結合使活動泛化，最後是運動識別。」⑬

綜上所述，反射活動有雙重特徵，既墨守成規，又不斷變化。在這一活動中，同化是舊圖式的營養，對舊圖式產生維護的作用，反射活動的墨守成規性概出於此。而順應則有兩種與同化全然不同的作用：使某些反射活動減弱，否定舊圖式，同時使圖

---

⑫ 同❾，p.49.

⑬ 同❾，p.51.

式獲得協調。順應是圖式變化的原因。反射活動伊始，同化與順應處於原始同一狀態。隨著反射活動的重複，兩種機能開始分化，圖式也隨著分化。這是第一階段反射活動的最高成就。

皮亞傑指出，反射階段，主體之所以能夠運用遺傳圖式進行同化與順應，全在於它們背後存在著一個組織（organization）。「反射圖式漸進適應，以它們的組織為前提。」⑭ 組織存在於生命活動的三個水平上：生物水平，心理水平，認識水平。組織乃是指圖式、活動和同化、順應等機能的形成系統。反射活動從生物水平進入心理水平，正是活動機能和圖式系統運動的結果。這一運動直接使主體進入認識的第二階段。

第二階段：初級循環反饋（primary circular reaction）和第一圖式的形成

皮亞傑認為，隨著反射活動的重複進行，漸漸產生了一種新的行為模式 —— 循環反饋。他透過一組事實證明循環反饋的存在。

皮亞傑的兒子勞倫特在出生整一個月那天早晨醒來，睜大眼睛，看著前方。他幾乎不斷進行吮吸反射一類的活動，他的嘴巴以緩慢的節奏一張一閉，他的舌頭持續蠕動。在一些運動中，他的舌頭舔下嘴唇。這是新出現的一種運動，他自己感到這種運動有趣，於是，興趣陡然增長，運動不斷重複進行。到了第三個月，吮吸舌頭的技巧已經十分熟練了，而且花樣不斷翻新。皮亞傑發現，小勞倫特最初玩弄舌頭，僅僅是吮吸和吞咽機制特有的反射，但是，後來隨著這一運動，出現了緩慢、有節奏的胳膊運

---

⑭ 同⑬。

動的滿足的神情， 這樣， 吮吸舌頭的運動便成爲一種循環反饋
了。

吮吸手指是循環反饋的另一種表現形式。

小勞倫特在一個月時手偶爾觸到了嘴巴，他試圖把手放入口
中，第一次他失敗了，而第二次成功了。但是，他的胳膊運動與
頭部運動不協調， 嘴巴試圖吮吸手而手卻滑脫了 。 經過多次反
覆，他終於成功了，到兩個月時，他已經能夠自如地吮吸左右兩
手，不僅如此，吮吸手指已經成爲他減輕飢餓、娛樂自己乃至催
眠必不可少的方式。

皮亞傑指出，吮吸舌頭和手指是一種行爲模式的兩個例子。
這種行爲模式延長了反射功能，與此同時，也獲得了遺傳機制以
外的某種要素。舌頭的新妙用，超越了簡單的吮吸反射；它是一
種獲得性行爲。除此之外，皮亞傑列舉了抓握、觀看等獲得性行
爲。因此，所謂初級循環反饋，實際上就是指「功能的運用導致
新結果的保存和再度出現」[15]。重要的問題是，初級循環反饋的
形成對認識過程產生什麼影響？

(一)同化和順應分化。皮亞傑指出，在反射活動中，順應與
同化混合在一起。運用反射就是把客體同化於已經構成的圖式之
中， 行爲模式主要是把吮吸圖式用於一切客體， 這實際上是把
「新客體同化於舊圖式」，只是在飢餓狀態才有偶爾的識別，同
時，圖式準確地順應它的對象。在現階段，吮吸圖式運用於新客
體，如拇指、舌頭等，使圖式本身發生了變化。這種變化便是順
應的作用。「在反射中，新的完全被同化於舊的之中，因此，順

---

[15] 同[9]，p.70.

應與同化混合；在智力中，對新客體感興趣，所以，順應與同化明顯分化；在中間階段行爲模式中，若是新客體能夠被同化於舊圖式中，對新客體的興趣不減，但是，已經突破了舊框架，從而迫使它們產生某種程度上不同於同化的順應。」❶

(二)後天圖式獲得協調。這種協調是同化和順應分化的產物。在這個階段，順應的作用是：(1) 使圖式分化。運用吮吸圖式同化客體時，首先對客體進行泛化處理，繼之形成識別，同化識別使圖式得到豐富，這時，順應的作用促使豐富的圖式分化。在第二階段，從吮吸圖式中分化出與之相應的抓握圖式、觀看圖式等等。(2) 使分化出來的諸圖式獲得協調。例如，兒童把一物體抓起來，看了看，再放入口中吮吸了幾下，這種動作至少包含了三個圖式的協調。協調是順應的結果。

順應以同化爲前提。本階段的同化，除了第一階段的泛化同化和識別同化以外，還出現了圖式之間的相互同化。所謂圖式間的相互同化，就是把物體同時同化到兩個新圖式中去。使兩個獨立的圖式因同化客體而發生關聯，並且最終形成了穩定的協調。

在同化、順應、圖式的相互作用中，人類第一個後天圖式，第一圖式正式形成了。它是活動、機能和圖式循環反饋的結果。

第二圖式的形成與協調：感知運動第三、四階段

第二圖式的形成與協調是第三、四階段的成就，它通過第二循環反饋完成。

皮亞傑指出，到目前爲止，我們依然處於實用智力的研究中。不言而喻，第一階段是純反射階段。第二階段只是後天適應

---

❶ 同❾，p.161.

的開始，但是，無論就行為目的還是就手段或結果，都以實用為基礎。在前兩個階段，如果真的有智力，也只能稱之為實用智力，或曰智力的萌芽。要知道，後天的習慣（特別是動作習慣），與智力相去甚遠。從第三階段開始，逐漸出現了有目的的行為模式，即，使有趣的情景延長。雖然它依然具有實用智力水平的特徵，只是近似於有目的，但是，它畢竟預示著經驗智力。可以說，它是第二階段的習慣智力與真正智力行為的中間階段，因此，它的活動、機能、圖式，具有明顯的過渡特徵。

第四階段，具有更加明顯的目的性，它本質上是把「已知的手段用於新情境」。這一行為模式就功能、意義和結構，都與前一階段不同。從功能看，它主要是「適應新環境」；從結構看，它在自身之中構成圖式組織；就結果而言，圖式更靈活，更精確地順應外部世界。

第三階段: 第二循環反饋及其使有趣的情景延長 (The Secondary Circular Reactions and the Procedures Destined to Make Interesting Sight Last)

第三階段作為認識發生的轉折階段，有雙重特性。首先是無目的的，繼而又出現了目的性行為。

第三階段的活動——「使有意義的情景延長」（To make interesting sights last）。

皮亞傑的女兒露西娜在三個多月的時候，用腿劇烈地晃動她容身的搖籃，搖籃上懸掛的布娃娃也隨之晃動起來。露西娜看著它們，開心地笑了，並且立即重複這一運動。後來的幾天，路西娜一看到皮亞傑懸掛布娃娃，便立即開始有節奏地運動，以看到她期待的結果。對滿意的結果報以微笑。布娃娃懸掛低了，她在

晃動身體的同時偶爾碰到了它，她便又重複腳的運動。之後，當布娃娃掛在臉部上方時，她又用手去觸它。這些動作一再反覆進行，最後達到非常熟練的程度。類似的運動在皮亞傑另外兩個孩子身上也出現過。動作的成功給孩子帶來歡樂，歡樂的心境促使他們反覆同一動作，獲得同一結果。此外，皮亞傑還做了許多聽覺、視覺與抓握、擺動等方面的實驗，結果相同。皮亞傑指出，這些活動「本質上傾向於重複。再生自己偶然發現的結果之後，兒童試圖保持他獲得的結果，這裡，他的活動依賴外部環境。正是這種非常簡單的轉變，決定『第二反饋』的出現」❼。可以看出，第二反饋與第一反饋有著密切的聯繫。再生的努力愈依賴活動的結果，方法和目的之間的差異就愈清楚。

第三階段的同化。本階段的同化最初依然是泛化同化，即以往形成的圖式，進行自發的泛化處理運動。但是，泛化運動一經產生結果，他發現這一結果依賴他的活動，便會興致勃勃地重複運動，至此，泛化同化結束，代之而來的是再生同化（reproductive assimilation）。然而，再生同化不是一個獨立的功能同化，在這一階段，它由泛化同化開始，出現重複運動之際，便是識別同化的開始。識別同化與再生同化是相互包含關係。從大量的結果中識別出新結果是起點，再生新結果是終點。這一過程循環往復，直到圖式產生分化。由新圖式產生的新運動代之。

在第三階段，再生同化與識別同化沒有分化。前者最初只是識別同化的一部分，到第三階段結束時，識別同化逐漸成為一種判斷能力與泛化同化分離，成為有意識的識別同化。而再生同化

---

❼ 同❾，p.176.

則變爲有目的的再生同化。

第三階段的順應和圖式。皮亞傑指出：「到目前的行爲方式爲止——卽在整個純粹原始反饋階段——順應依然相對從屬於同化。吮吸、察看、抓握的目的是把看到的客體結合到相應的同化圖式中，然而尙未使這些圖式順應多樣化的客體。」[18]當新客體出現時，兒童試圖以第一圖式同化它，但是出現了意想不到的結果。到此爲止，一切都沒有什麼變化。當兒童爲看到同一結果屢屢重複同一運動時，第一圖式開始分化，第二反饋特有的順應開始了。「順應的作用是自覺地、系統地使分化固定。」[19]順應的作用與第三階段的過渡性特點相符合。一方面，在開始時它是無意識活動引起的，這與前一階段相似；另一方面，當偶然的結果使圖式分化時，它使分化固定下來。

值得注意的是，同化與順應的關係發生了變化。前兩個階段都是以同化爲主，順應爲輔。本階段順應雖然仍處於從屬地位，但是，它對同化的制約作用加強了。用手、腳、玩具再生偶然發現的結果使第一圖式分化。若使分化固定下來，需要利用順應使圖式發生一定的變化，只有這樣，再生新結果的同化過程才能順利進行。沒有順應，舊圖式就不會分化，第二圖式就不能產生。因此，順應有兩個功能：其一，使主體圖式分化。其二，爲再生同化奠定基礎。

圖式組織也有了新的特點。首先，由於順應和同化的作用，第一圖式發生分化，分化的圖式構成一個個相互獨立的整體，分別執行不同的功能。一些圖式成爲方法，如抓握圖式等；另一些

[18]　同[9]，p. 199.
[19]　同[9]，p. 200.

圖式成爲結果圖式。當然，在現階段，方法圖式是從第一圖式中偶然產生的，結果圖式也是意外的收穫。但是，到了後來，新圖式經重複運動之後固定下來，兒童試圖用某種方法獲得某種結果，這說明第二圖式已經有智力的萌芽了。

其次，圖式分化以後，每個圖式只作爲獨立整體存在，彼此尚未形成一個相互協調的整體組織。它們在運動中的協作是偶然的。關於圖式內部組織，也就是第二圖式的協調，只能是下一階段的事。本階段只形成了一個無意識的相互依存的聯繫系統。

第四階段：第二圖式的協調以及把它們運用於新情境（The Coordiation of the Secondary Schemata and Their Application to New Situations）

第四階段出現了「第一個眞正的智力行爲模式」。第三階段「只是圖式的簡單泛化，尚未創造出每個新圖式與新目的之間的特殊聯繫。總之，第三階段的反饋，只是初級循環反饋的簡單延長；它們的複雜性僅僅在於事件發生之後，抽象出過渡和終極狀態、方法和目的之間的區別」[20]。而第四階段的行爲模式，從一開始就包含了這一區別。「它們出現的標準，實際上就是第二圖式的相互協調。」[21] 換句話說，如果第三階段目的和手段的分化是偶然產生的，那麼第四階段從一開始就有目的和手段的顯著區分，這種區分是第二圖式獲得協調的結果。智力活動由此而產生，它不僅僅限於再生有趣的結果，而且運用新的組合獲得結果。因此，這一階段的活動模式便是「把熟悉的圖式用於新情境」（The applicational of familiar schemata to new situation）。

---

[20]　同[9]，p.237.
[21]　同[9]，p.238.

皮亞傑證明，這一模式的前提是：兒童與對象之間有一些障礙物，或稱中介（mediate）。障礙使兒童不能直接獲得結果，必須運用間接的方法。這些方法永遠包含著熟悉的圖式，但是它不一定運用新方法。皮亞傑讓勞倫特看他那著名的煙斗，後者立即被它所吸引，他想得到它。但是，皮亞傑把煙斗放在勞倫特附近的墊子下面，煙斗不見了。勞倫特目不轉睛地看著皮亞傑的一舉一動。起初他有點不知所措，然後他猶豫不決地用一隻手推墊子，並且用另外一隻手抓煙斗。在這裡，推開墊子的動作完全與抓起客體動作區別開來，構成了完全獨立的手段。

皮亞傑指出，與前一階段的行為模式相比，這裡所分析的行為模式有兩個嶄新的特點。第一，它與目的性質不相干，與所處的情境有關。兒童在這裡不是再生他看到的，或者他所做的，而是在有困難的新情況下，試圖得到那個渴望物。第二，行為模式與所運用的手段有關，這些手段完全與目的分化，因此，兒童的行為模式，在於兩個獨立圖式的協調：一個是目的圖式，一個是過渡圖式，卽作為手段的圖式。目的和方法圖式是如何獲得協調的呢？首先依靠同化。皮亞傑認為，第四階段的最大特點就是主體與客體之間有一個障礙。上例中遮蓋煙斗的墊子便是中介物。皮亞傑認為，中介物出現以後，主體運用熟悉的圖式將其同化。這裡，同化圖式是過渡圖式，它從屬於舊圖式，是目的圖式的函數。因為征服中介物是達到目的的必經之路，但是征服它不是目的，只是一個不可或缺的環節，用什麼方式征服它，取決於所要達到的目的。由於中介物的這種地位，所以它在被同化到過渡圖式的同時，也被同化到目的圖式之中。被同化到兩個圖式中的中介物，同時隸屬於兩個圖式。若是兩個圖式不協調，主體就不能

達到目的。因此，中介物的出現，引起了主體間的相互同化，兩個圖式由此處於一個有機系統中，並且獲得了協調。第一圖式的協調是偶然形成的，因而圖式的相互同化本質上是無目的的。而且，由於這種相互同化沒有任何中介物存在，所以，圖式的協調只是一種簡單的聯合。第二圖式的協調從一開始就是有目的的，它們的相互同化，至少有一個以上的中介物存在，因而目的和手段圖式不是簡單的聯合，而是由相互同化形成圖式間的必然重組。

皮亞傑指出：「第一個有目的協調也許完全是否定的。」⑫這是因爲被同化的中介物是阻礙兒童達到自己目的的障礙，是對目的的否定。被障礙困擾的主體不能對障礙置之不理，又不能直接拿到誘人的物體。只能運用一定的方式征服障礙，從而使障礙與目的圖式產生協調，否定的協調，在否定中達到協調是本階段協調的特色。

協調還有順應的作用。皮亞傑指出，在前一階段，順應只在於發現一些條件，利用這些條件，兒童能夠發現有趣的結果。這樣的順應形式像前兩個階段一樣，受同化支配。在下一階段，兒童將試圖發現客體的新屬性。第四階段特有的順應正好處於兩種類型之間。一方面，它簡單地延長了前一階段的順應；另一方面，卽使這一順應從屬於同化，依然會重新發現客體間的新關係，因此，它預示著第五階段的順應。

第四階段的順應是圖式協調的函數。在這種情況下，兒童既不試圖與客體相聯繫，也不試圖發現一個新程序。他只根據兩個

圖式的變化，使兩個圖式獲得協調。正是爲了完成這一協調，他不得不使過渡圖式順應新情境。他在順應過程中發現了一個新關係 —— 爲了達到目的要推開障礙。

透過同化和順應的作用獲得第二圖式的協調，而圖式協調的結果是形成了圖式的三種聯繫：每個圖式內部的聯繫；圖式之間的聯繫；由圖式的外部聯繫形成的客體間的聯繫。當兩個以上的圖式在活動中形成一個小小的孤立整體時，小整體中的幾個圖式之間存在著相互聯繫，構成圖式的組織。組織是同化和順應的根本所在。第二圖式的組織有一個基本特點，這就是外部協調與內部分化之間形成聯繫。

第三圖式的產生和協調：感知運動第五、六階段

第五階段：第三循環反饋和透過積極的實驗發現新方法 (Tertiary Circular Reaction and the Discovery of New Means Active Experimentation)

第五階段是創造客體的階段。這裡所說的客體是認識論意義上的客體。它的特點是運用實驗手段探索新方法，從而形成新圖式。此外，第五階段出現了更高級的圖式協調：由探索新方法獲得的協調。

第三循環反饋。

這裡所描述的行爲模式在於努力抓住新東西。皮亞傑指出，第一循環反饋主要在於外部環境迫使主體不斷擴大反饋，新經驗永遠會引起舊框架破裂。這足以說明，爲什麼在反射圖式之上可以建立起後天習慣，而在後天習慣之上，可以產生智力圖式。當然，也可以這樣說，主體心悅誠服地接受了這一必然性，因爲各水平上均存在的「循環反饋顯然在於憑藉再生同化保留新奇事物，

並且使他們得以確立」[23]。第二循環反饋是在外部環境的壓力下，使第一圖式發生分化，它的特點是產生新的外部結果。但是，在前兩種反饋中，主體無論具有怎樣的作爲，都處於被動的從屬地位，這是認識之初的基本事實。

第五階段出現了第三循環反饋。皮亞傑指出：「第三循環反饋則全然不同：如果它也是憑藉第二循環圖式分化而產生，那麼這一分化不再是環境造成的，而是自願的,甚至是渴望獲得的。」[24]當然，這個過程不是瞬間完成的，它經歷了一個過渡。第三循環反饋仍然是從兒童重複某種結局開始，但是，這時的兒童並不僅僅滿足於不斷再現某種結果，而是在重複運動中不斷改變運動，同時不斷擴大成果。勞倫特偶然發現了某物，他抓住它扔了出去。這時，他只關心物體下落的地點，不關心拋的動作以及這些動作與落點的關係。這種運動重複了若干次。勞倫特又發現了一塊肥皂，隨即把它扔出去，肥皂下落。然而，不知爲什麼他對物體落點失去了興趣，轉而對拋的動作發生興趣。他又抓起一塊麵包，儘管這時他已經是半飢餓狀態，可是他沒有吃麵包，甚至不想嘗嘗，就把它拋出去。他還把麵包撕成碎片拋出去。在這一過程中，他逐漸發現了自己手臂運動與物體落點的關係。他不斷調整自己手臂的運動，前拋、後拋、伸臂、曲臂。後來，他拋的麵包落在面前，他拿起麵包做了一個吃的動作，隨後又把它拋出去。在此之後，勞倫特又拋了許多東西，而且不斷改變動作，以觀察落點。

皮亞傑指出，這些例子表明,「第三循環反饋與第二甚至初級

❷ 同❾, p.297.
❷ 同❾, p.297.

反饋之間的聯繫顯而易見。」一方面，新結果總是偶然發現的，因為卽使是探索新事物，除了摸索之外，兒童不知道如何發現它。此外，實驗總是由重複開始的。為了看到某種過程和結果，例如被拋出的物體的軌道和落點，一再重複運動，同時，逐漸改變運動方式。為了觀看而進行實驗，無疑是一種更高級的反饋，基本上與前面的反饋相適合。第三反饋有若干革新。為了發現某種結果而重複運動不是簡單的重複，而是變化中的重複，這是以前從未有過的。在這一行為模式中，兒童已經不僅僅運用舊圖式本能對待客體，而是積極地尋求新的解決問題的方法。由此而形成的圖式，皮亞傑稱之為經驗圖式。兒童第一次使自己主動適應了外部環境。可以斷定，經驗智力的機制肯定形成了。

同化和順應。當經驗圖式出現時，與圖式相對應的同化和順應也發生了變化。皮亞傑認為，在最初的行為方式中，同化和順應相對不分化，每個同化的企圖也是順應的企圖。在第二圖式中，順應只是同化泛化過程的發展。同化和順應雖然已經分化了，但是，分化是在外部客體的壓力下完成的，在這一意義上，順應依舊服從同化。第三循環反饋中，「每個眞正的同化之前，順應已經存在了，這一順應是在運動中被較早的同化所建立，而不是直接從它們之中派生出來的。」❷⑤順應先於同化有如下幾種意義：(1) 面對新客體，主體不是用舊圖式對它進行泛化處理，而是注意到新客體運動與主體運動的關係，並且積極嘗試改變動作及其圖式，以便使新的客體運動不斷被同化。(2) 由於對主體與客體在活動中建立起來的新關係甚為關注，尤其是他意識到自

---

❷⑤ 同❾，p.309.

己的活動是客體運動變化的根本之後，他便有意識地改變自己的活動，這是高級同化不斷周而復始地進行的基礎。按照皮亞傑的見解，第五階段的同化和順應有如下關係：同化 —— 順應 —— 同化。即，第五階段的順應由同化引起，被引起的順應導致更高級的同化。順應總是被插入構成順應的同化圖式之間，插入指導順應的那些圖式之間。

第六階段：透過內心組合發明新方法 (The invention of new means through mental combination)

第六階段是感知運動智力的完成階段，是整個智力發展過程中承上啓下的階段。這一階段的行為模式是「透過內心組合發明新方法」。兒童面對新情況，習慣於用舊圖式去同化，這一嘗試失敗後，他便開始調整圖式。到此為止，他的活動依然有試誤的痕跡，與第五階段的行為無大差別。然而，關鍵在於怎樣調整圖式。本階段調整圖式的過程不是經過反覆的試誤完成的，而是主體運用已有的圖式進行精神取捨，在沒有明顯的可見動作的情況下，在內心把若干圖式加以組合，然後運用於新情境。由於上述過程是在內心完成的，所以從外部看，兒童運用舊圖式失敗之後，彷彿驟然間適應了新情況。一個嶄新的行為方式彷彿是瞬間產生的。

瞬間完成了新適應，似乎是一個突發事件，與前幾個階段的聯繫彷彿一下子消失了。發展的連續性中斷了嗎？否！「第六階段並不意味著迄今為止研究的行為方式消失了，而只是說明它們今天將被一種新的行為方式完成：透過演繹和內心組合完成發明。」㉖整個感知運動活動：「反射的運用」、「使有趣的情景延

㉖ 同❾，p.368.

長」、「把熟悉的方法用於新情境」、「透過積極的實驗發現新方法」等都是本階段行為模式的準備階段，它們幾乎都要介入這一內心組合中。當然，透過內心組合發明新方法，不是把以前的圖式信手拈來，而是要重新組合。行為方式的特點首先取決於圖式的組合方式。皮亞傑認為，這一行為方式有點類似於邏輯思維的演繹過程。因為就形式而言，這種行為方式是以若干圖式為前提，推出一個能夠應付新情況的具體活動圖式。當然，這種演繹只是動作水平的演繹，即，邏輯演繹的史前階段。

第六階段的圖式大約有兩個特點。第一，第五階段的方法 —— 目的圖式，是本階段行為方式的原動力。「這一目的圖式立即引起了許多圖式，兒童將這些圖式作為原始方法使用，而且他必須順應這些圖式，按照新情境的變化使圖式分化。」❷ 第二，創造輔助圖式。運用原有的圖式不足以解決問題時，需要一些新的圖式介入活動，介入的新圖式就是輔助圖式。輔助圖式是達到目的的第二方法，它服從原動力。它的產生不是試誤，而是利用內心組合，這是本階段圖式分化的最大特徵。

總之，感知運動階段的活動、圖式、同化和順應的變化趨勢如下：

第一階段，兒童只有遺傳圖式；同化和順應相對不分化；活動只是一些反射活動。不過由於同化和順應對反射的作用不同，因此，它們的分化已經初露端倪。

第二階段，主體運用第一循環反饋使同化與順應分化；反射圖式分化協調，並且形成了第一個後天圖式 —— 第一圖式；在第

❷　同❾，p.381.

一圖式的基礎上，出現了人類最早的後天活動（儘管依然是本能的）。不過，同化、順應、圖式、活動的分化都是無意識的。順應仍然服從於同化。

第三階段，進入有意識的適應。活動最初是無意識的，在第二循環反饋中，偶然出現的新結果引起兒童的興趣，促使兒童有意識地分化圖式，以順應客體，並且透過再生同化重複這一過程。結果，出現了有意識的順應活動，初步形成第二圖式。

第四階段，第二圖式獲得協調；順應突破了同化的束縛，開始變爲相對獨立的機能，但是，它在總體上仍然從屬於同化。

第五階段，兒童利用第二循環反饋，使目的和手段分化，形成了第三圖式；順應最終與同化分化，成爲一個相對獨立的機能。由於二者的分化，兒童活動的目的性和協調性更爲明顯。

第六階段，經過五個階段的準備，兒童獲得了一系列的後天圖式，它們使兒童具備了內心組合圖式，頃刻間順應外部環境的能力。因此，在第六階段，兒童能夠進行實物動作水平的抽象組合，爲將來眞正的邏輯思維奠定了基礎。

二、客體的建構

皮亞傑在如下著作中討論感知運動階段客體的建構：《兒童對現實的建構》、《兒童和現實》、《兒童的物理因果關係》、《兒童的世界概念》、《兒童的空間概念》、《兒童的時間概念》、《兒童的數字概念》等。其中，《兒童對現實的建構》則是專門討論感知運動階段客體的建構。

皮亞傑指出：「觀察和實驗相結合似乎表明，客體概念不是

先天的，也不是在經驗中被給予的，而是逐漸被建構的。」[28]當然，嬰兒無疑出生在一個客觀世界之中，但是他對於這個世界一無所知。因而這個世界對他毫無意義。客觀世界的意義是主體在自己的活動中建立的。它的過程大致是：兒童最初直接把外部環境同化於自己的活動中，後來，爲了擴大這一同化，他形成了日見靈活的、協調的圖式體系。這一體系支配著外部世界的連續創造。

　　皮亞傑認爲，若想理解不成熟的智力如何構造外部世界，必須首先發問：兒童在生長的前幾個月，是否把物體看作物質的、永久的、有恆常性的客體？「如果不是這樣，就有必要解釋，客體概念是如何被建立起來的。」[29]這個問題與空間問題相關。一個無客體的世界不能呈現出位移空間的同質性和統一性特徵。而位置的變化若是沒有「群」（groups），就是無結果的變動，卽，沒有任何永久客體的持續的狀態變化。所以，應該把實體、空間與群聯合起來考察。需要指出的是，「永久客體」（permanent object）概念是皮亞傑發生認識論的重要概念之一。如果說動作水平主體建構的標誌是動作圖式，建構的機能是同化、順應，那麼客體建構的第一標誌便是永久客體概念是否可以在動作水平得以確立。因爲皮亞傑認爲，一個永久客體組成的世界，不僅構成了空間宇宙，而且也構成了服從因果關係原理的世界。因果關係不僅僅表明事物之間的關係，而且也代表了活動及其結果之間的關係。皮亞傑討論客體的建構，主要圍繞「永久客體」、空間和

---

[28] Piaget: *The Construction of Reality in the Child*. New York, 1954, p.4.

[29] 同[28]，p.3.

位移群、因果關係、時間場等概念（確切地說是前概念）展開。在感知運動階段，客體的建構經歷了與主體相對應的六個階段；建構機制仍然是主體的圖式、活動、同化與順應之間的相互作用。因此，我們在討論客體建構時，不再涉及客體的建構機制等問題。

永久客體的建立

皮亞傑指出，感知運動階段前兩個子階段，嬰兒的宇宙由一系列的動畫片組成，一切都轉瞬即逝，沒有永久客體或空間組織。傑奎琳出生後二個月二十七天，由於哺乳的緣故，已經能夠初步識別她的母親。當母親離開她的視覺場時，她的目光尾隨著母親，並且盯著她消失的地點。她母親若是再度出現，她渴望的神情立即變得歡娛。若不出現，她便會收回目光。對於消失物體也是這樣。皮亞傑認為，這些事實說明，當物體消失時，兒童只限於注視物體消失的地點，這是因為他只保留了與主體圖式相應的知覺，如果他有客體觀念，他會積極探索，找出客體隱匿的地方。然而他沒有這樣做。這說明他不知道如何做起。「在他看來，消失的客體並不是一個可以運動的永久客體，它只是一個影像，一旦消失便成為無。」⑳也就是說，客體消失就是不存在。兒童的目光尾隨消失客體，並不是企圖理解消失影像的位移，而是最初順應活動的擴展和重複。

第三階段，隨著第二循環反饋的出現，客體的永久性也開始出現，但是，觀察表明，兒童對於消失的客體未進行系統的探尋。

---

⑳ 同㉘，p.11.

　　皮亞傑讓露西娜看一個玩具，然後用一個遮蓋物蓋住玩具的一部分，露西娜立卽伸手從遮蓋物下面拿出玩具。當玩具完全被遮住時，她卻不去尋找客體。進行了多次實驗後，依然如此。所不同的是，兒童對消失的客體發生了愈來愈濃厚的興趣，並且表現出在原地尋找它們的意圖，但是，最終還是沒有尋找它們。

　　皮亞傑指出，這一階段比前兩個階段有明顯的進步。兒童尋找半遮蓋物體，並且對消失物體發生興趣，說明在他心目中，已經消失的客體具有更多的永久性。不過可以看出，這種永久性仍然與活動的發展有關，換句話說，它標誌著實用動作水平上客體永久性的開始，而不是永久客體概念的出現。

　　事實上，在這一階段，兒童不知道自己的活動機制，因而並未把活動與事物本身分離，他只有一些不太分化的圖式。只要客體出現，就會被同化到動作圖式中，客體一旦消失，便會被忘記，因此客體並不足以做發生學的動力，只能使消失物體情感化，或者激起他的一種期待，以及繼續從事活動的渴望。因此，它只體現了循環反饋和再生同化的本質 —— 保持的努力。這一努力使活動得到發展。由於主體有這樣的努力，所以他總是力圖重新找到消失的影像，只有達到這一目的，活動才算完成。但是，這依然不是客體永久性，只是循環反饋中的永久性，也就是說，只是同化活動本身。兒童的宇宙仍然是一個整體畫面，這畫面在活動中產生，活動一旦完成，一切又歸於無。所不同的是，本階段影像存在的時間比以前長。從這一階段的行為方式來看，當客體處於他搆不著的地方，或者不在原位時，兒童並不打算尋找它。

　　總之，在第三階段，兒童的視覺順應得到擴展，從而試圖賦

予某些影像以視覺永久性。另一方面，兒童試圖重新找到自己曾經觸摸過的物體，從而形成一種觸摸永久性。但是，這一切都是「try」（試圖），沒有付諸實施。完成這一任務是第四階段的事。

第四階段，「尋找已經消失的客體，但是不關心它們的位移。」❸這一現象的出現標誌著第四階段的開始。這一階段，兒童若是在順應運動中發現已經消失的客體，不會積極探究它；當這一客體消失在視覺場外時，即在主體與已經被發現的客體之間出現一個屏幕（遮蓋物）時，他便會尋找它。「這一發現，來自如下事實：兒童開始研究客體的位移（依靠抓握、搖動、擺動發現它們等），並且開始協調視覺永久性和觸覺永久性。」❸這與前一階段不能同日而語。

皮亞傑指出，儘管如此，依然不能說兒童已經形成了客體概念。實驗表明，當客體連續在兩個或者更多的位置消失時，兒童仍然賦予它一種絕對位置。雖然他完全能夠看到物體連續的位移，可是他並不注意它們。彷彿客體第一次被發現的位置，永遠是客體存在的位置。

小露西娜和媽媽在花園裡。皮亞傑來了；小露西娜看到了他，微笑起來，顯然她認出了皮亞傑。這時媽媽問她：「爸爸在哪裡？」露西娜立即把頭轉向皮亞傑辦公室的窗口，用手指著窗子，意思是說「爸爸在那兒」。有趣的是這時她的目光正在看著皮亞傑。過了一會，她媽媽又說出皮亞傑的名字，露西娜聽到後又把頭轉向辦公室的窗口。

皮亞傑還在一個叫吉拉德的孩子身上發現了一些十分有趣的

---

❸ 同❸，p.4.
❸ 同❸，p.44.

現象。

吉拉德（十三個月）與皮亞傑的孩子一道玩球。他扔球、撿球。忽然球滾到椅子下面去了，吉拉德看到了，立卽走過去撿起球，又玩起來。但是，球又滾到沙發下面去了，沙發在房間的另一端。吉拉德看著球滾過去，他彎腰找它，可是沙發比椅子深，他未能找到。這時，他又返回來，在椅子下面去找!

皮亞傑對實驗做了如下分析。皮亞傑指出，這一現象說明，在第四階段，客體仍然是實用客體，不是實體。兒童的反應或多或少帶有物力論和現象主義相融合的特點。客體不是被移動或者移動物，而且它不依賴這些位移。他只是在某種關係中隨意處置一些與活動有關的現實。其間的現象主義是指客體仍然依賴它的前後關聯，它不具有永久客體的身分。物力論的特點則在於客體僅僅是努力和功效感的擴張，與主體發現客體的活動有關。因此，兒童在尋找消失物體方面的進步，還不足以說明他賦予物體一種客觀結構。若要使這些物體變爲客體，必須認識位置和位移的關係。兒童必須知道這些客體「如何」出現、消失，必須丟掉客體再現的神祕感。總之，需要用眞正的幾何學理性主義取代直接知覺現象主義和實用功效物力論。

第五階段:「兒童注意客體連續的位移」。在一歲到一歲半期間，兒童漸漸注意到客體的空間關係，卽，注意到在視覺場中發現的連續位移。皮亞傑認爲，這一發現標誌著第五階段的開始。露西娜坐在床上，她的一邊是披肩 A，一邊是衣服 B。皮亞傑把一個安全別針藏在手中，把手伸進披肩 A 下面，迅速把別針放在A 下面，然後抽出手。露西娜立卽掰開皮亞傑的手尋找別針，但是沒有找到。她又到披肩下面去找，結果找到了。

皮亞傑把別針放在手中，把手放在衣服下面。露西娜看著皮亞傑的手，斷定他的手是空的，她沒有動皮亞傑的手，而是到披肩下面去找別針。

皮亞傑認爲，這些實例表明，第五階段的行爲模式對可見位移產生影響，因而他們展示了幾何學理性主義，這是本階段特有的新要素。然而，他們仍然不能估計不可見位移，因此，他們也保留了現象主義和物力論相混合的要素。

第六階段：形成不可見位移的表象。第六階段，在根本看不到位移的情況下兒童能夠建構客體。兒童解決了第五階段未能解決的問題，而且是運用新方法——表象解決問題。

傑奎琳看著皮亞傑把一枚硬幣放在手裡，並把手放在被罩下面。然後皮亞傑抽出手來，手緊緊握著。傑奎琳掰開他的手，沒有硬幣，她又到被罩下面去找，直到找到爲止。皮亞傑立卽從她手裡拿走硬幣，把它放在手中，再把手放在傑奎琳另一側的墊子下面，傑奎琳立卽到墊子下面去找。後來，皮亞傑又把硬幣放在其他物品下面，傑奎琳都毫不猶豫地找到它。

皮亞傑指出，從客體形成的觀點看，上述觀察可以得出如下結論：客體不像前四個階段那樣，只是各種順應的延長，也不像第五階段那樣，僅僅是運動中的永久客體，只是在被發現時它的運動才不依賴自我。目前的客體已經完全擺脫了知覺和活動。從屬於自動位移的法則。事實上，正是由於客體進入了絕對或者間接表象和關係的體系，他在主體意識中才獲得了新的、最終的自由。無論是它的不可見位移，還是屏幕造成的複雜性，都不能影響它與自身的同一。皮亞傑認爲，本階段的表象發源於前幾個階

段。在第四階段，兒童開始尋找已經消失的客體，這說明兒童對不在面前的客體有所認識。現階段，對客體的認識出現了眞正的進化，因爲它選用了與活動相關的符號系統。尋找一個屏幕下面的客體，並不一定假設主體能夠想像客體在屏幕下面，只能說他已經懂得了瞬間發現的兩個客體之間的某種聯繫，因此，他把屏幕解釋爲客體出現的符號。看到客體後，設想客體的永久性是一回事，客體不可見時設想它隱藏於某處則是另一回事。沒有發現任何跡象，便相信客體永久性，這便是眞正的表象。

表象的發展產生了一個重要的結果，這就是「兒童把自己的身體看作客體」❸。由於相信模仿，由於模仿嵌入表象中，特別是由於本階段的行爲模式，兒童由他人的身體推斷出自己的身體也是客體。此外，新生的空間、因果關係和時間表象，允許他把自己置於時間和空間之中，把自己看作他所發現的整體關係中的因或者果。就是在兒童產生永久客體之際兒童自己也成爲客體中的一分子。

空間場和位移群

皮亞傑指出:「客體概念的形成與空間場的組織相互關聯。」❹新生兒只有實用空間，或者說依賴主體活動的實用空間。主體對自己一無所知，就此而言，主體顯然在空間之外，而空間只是主體活動的屬性，並且隨著活動的發展逐漸獲得協調。在感知運動階段結束之際，空間成爲事物的屬性，可容納一切位移，決定主體活動的宇宙框架，主體本身也被包容在這一框架之中，而且把自己的位移與一切客體的位移聯繫起來。從實用空間向表象空

---

❸ 同❷，p.86.

❹ 同❷，p.97.

間的過渡不是偶然事件，它像客體的產生一樣，經歷了六個子階段的發展。

第一、二階段：實用和不同質群

皮亞傑指出，第一、二階段的兒童只有反射活動和圖式，因此，在這一階段也只能形成一組相應的實用空間，如，由吮吸反射產生的味覺或口腔空間；與視覺和聽覺反射相關的視覺空間和聽覺空間；與抓握反射相關的觸覺空間等。這些空間都是以主體本能反射活動爲中心，都不同程度地伴有感知運動圖式的協調。這些空間是不同質的（heterogeneous），也就是說，它們沒有構成一個整體空間。所以根本無從估量形狀、距離、相關的位置，尤其是客體的位移群。由於沒有統一的空間，當然也不存在主體爲自己的活動進行空間定位問題。確切地說，主體根本不知道自己在空間中，他只根據自己的活動無意識地賦予空間某些屬性，他認爲物體的位移只是他活動的延伸。如果有位移群，也只是實用的、無意識的，並且不包括主體自身。「總之，活動產生了空間，卻不位於空間之中。」[35]

第三階段：實用群的協調和主觀群的形成

在第三階段，視覺、抓握開始協調，不同質的空間群也開始協調。如口腔空間與視覺空間、視覺空間與觸覺和動覺空間協調等。在這種協調中，最基本的要素是抓握的發展；抓握一旦與視覺、觸一動覺空間獲得協調，視覺與口腔空間便開始形成一個聚合體，其他空間形式將會不斷地溶入這個聚合體中。這一事實十分重要。因爲抓握與其他空間的協調雖然未能把位移群與活動分

---

[35]　同[28]，p.102.

離，並且把位移群置於事物之中，但是，它依然有可能超越簡單的實用群，形成所謂主觀群。

抓握的發展有兩個重要成就。第一，兒童學會用手作用於事物的同時，開始利用事物之間的相互關係。從空間的觀點來看，這一成就十分重要，因爲它使主體對空間關係的協調發生興趣。第二，兒童透過抓握，逐漸地介入了位移和空間位移，因此，他開始觀察自己的活動、自己的手、胳膊，以及手與被抓握客體的接觸。儘管在他的全部活動中他還沒有意識到自我，甚至沒有注意到他的位移或者是視線的移動，但是，由此開始，兒童能夠把自己的某些運動與物體的運動聯繫起來。從此以後，抓握對位移群產生新的影響。實用群投射到這一活動確定的知覺場中，便確定了我們所說的主觀群 —— 以主體動作爲中心形成的客體的位移群。

所謂主體群只是一種聚合體知覺，它的前提是聚合體仍然與活動相關，並且不處於把主體作爲要素的更大的聚合體中，以客體的觀點看，它使位移獲得協調。因此，主觀群是明顯的運動群，它與客觀群的最大差別是：在客觀群，主體處於與眞正的客體運動相關的自身運動中。在實用群基礎上建立的主觀群，是第三階段的主流，它介於實用群和客觀群之間。實驗表明，客觀群在第三階段尚未出現。

第四階段：從主觀群到客觀群的轉變

皮亞傑指出，第三階段的最大進步在於主體把事物置於相互關係之中，致使兒童發現外部事物中的某些群，從而使兒童超越實用群的水平。但是，他在事物中確立的關係，仍然是球形的，主要是活動關係，因此，兒童發現群主要受主體而不是客體的支

配。第四階段發生了從主觀群到客觀群的**轉變**，**轉變**的誘因是主體的行為模式。

皮亞傑指出，第四階段的行為模式是把「熟悉的客體運用於新情境」（我們在前面有過詳細的介紹）。這一行為模式並不構造新的孤立圖式，而是運用新方法並且使這些方法彼此協調。由此產生了兩個重要結果：第一，順應客體日趨明顯，從而使現實的客觀條件開始超越純粹的活動關係。第二圖式相互適應，不再以球形單元獨立運作。這兩個結果說明，這些關係構成了事物本身。從現在起，兒童開始接觸正在形成的客體位移，使它們相互結合，由此開闢了創造客體群的道路。它標誌著主體開始創立客體間的主要聯繫。

第五階段：客體群

皮亞傑指出：「第五階段標誌著空間場建構的基本發展：它獲得了客體相對位移概念，換句話說，在同質的環境中，創造了客體的相對位移概念。」❸❻ 同質環境也就是皮亞傑所說的「同質空間」。在皮亞傑的空間學說中，同質空間或者空間場的同質性 (hemogeneity of the space field) 的出現，是客體建構的重要事件。所謂同質空間就是指客體之間形成的相互關係，這個關係不是兒童身體或者活動的函數。不同質空間則是指客體只與兒童身體形成一個個孤立的整體，它們彼此之間沒有任何聯繫。可以說，同質空間是空間關係客觀化的標誌。在同質空間中，「兒童認識到連續的位移。他知道，當客體從A位移到B位或C位時，再到A位去尋找它們是徒勞無益的。」❸❼ 他不需要空間位

---

❸❻ 同❷❽，p.183.
❸❼ 同❷❽，p.184.

置的記憶，只需把整個位移組合到一個客體群中，並且記住它。於是，他第一次把空間看作同質場，移動的客體在同質場中相互聯繫起來。因此，進入直接知覺場中的一切物體，都能在一個共同空間或同質位移的環境中協調爲一個有機整體。同時，主體也意識到自己的位移，從而把自己的位移置於與他物位移的相互關係中。

如何評價這一進步呢？皮亞傑認爲，使空間知覺的製作成爲可能的這種智力建構，依然沒有超越知覺本身，所以，它沒有引起位移表象。一方面，主體不注意視覺場以外的位移，另一方面，主體並未向自己描述知覺之外的自身運動。

第六階段：表象群

表象群的出現與客體的建構相對應。在第六階段，客體經過若干次連續位移之後，兒童能夠重新發現它，甚至它們在視覺場以外也是如此。「因此，存在著運動表象，無論這些表象是什麼方法產生的。」❸ 空間表象的出現有兩個原因。第一，沒有不可見位移的表象，知覺宇宙仍然是不統一的，或者至少是無法理解的。第二，兒童把自己置於空間之中，獲得了相對同質的空間。因此，他需要自己的表象，自己的位移。如果缺乏這種能力，主體也只能直接發現他完成的運動，卻不能從外部把運動置於客體與他自己共有的空間中。這個因素，促使第六階段出現前所未有的進步：空間相互關係的表象和主體身體位移表象。這兩種密切相關的表象，稱之爲表象群。可以看出，表象群包含客體的空間關係以及主體身體與客體的空間關係。

---

❸　同❷，p.203.

皮亞傑認為，表象群的形式意味著兒童具備了一種更高的能力：使不同的空間聚合體之間形成相互關係，換句話說，把不同質空間變為同質空間。由主體形成的同質空間「是一個靜止的環境，主體也置身於其中」❸。這種空間極其重要，它「保證了被發現的群的客觀性，並促成將這些群延伸到位移（不在直接的知覺場中）中的可能性」❹。從此以後，宇宙不再以主體的自我為中心，主體本身成為無數永久客體中的一員，主體有身體的位移，客體有不依賴於主體的運動。

因果關係的發展

皮亞傑指出：「正如我們想要證明的，兒童最初的因果關係，只是他自己的活動；最初的宇宙不是因果系列網，而是在活動的延長部分中出現的事件集。功效性和現象主義是這一基本因果關係的兩極，它們沒有物理空間和作為內因的自我感覺。」❹因果關係像客體永久性和空間一樣，最初依賴完全主觀的內部運算，到了第六階段，它被視為外部事件或客體的相互關係之一，並且支配著逐漸產生了自我意識的主體。

嬰兒處於主體和客體的混沌狀態，何以言及因果關係呢？如果把因果關係表述為兒童解釋周圍現象的一種需要，那是大錯特錯了。在感知運動水平上分析因果關係的產生，首先必須和本階段特定的圖式、機能及其永久性和空間等要素相結合，由此不難斷定，兒童在本階段所獲得的最高成就，就是上述各元素的實用結果，即使為了達到這一目的而運用心理意向和建構，也絕不是

---

❸ 同❷，p.208.

❹ 同❷，p.208.

❹ 同❷，p.220.

爲了理解而理解，而只是想把現實變得適合他的活動。因此，談不上什麼解釋的，或抽象的、理論的因果關係。另一方面，在實用智力水平，兒童若不是把外部客體與他的活動聯繫起來，就不可能發覺客體。若是從活動與客體的關係研究因果關係的起源，那麼，活動伊始便可能出現以動作爲中心的、最原始的因果關係。再者，因果關係的形成與客體不可分割。「位移群」實際上意味著客體在時間中的運動順序；「永久客體」必然蘊涵著事件之間的因果關係。皮亞傑認爲，即將研究的因果和時間系列，只是客體和空間系列的另一面。「如果我們在把因果關係視爲一種概念之前，把它看作感知運動圖式，或者在它成爲理性範疇之前，把它看作實用範疇，我們使用的語言就不會有任何困難了。」[42]

因果關係在感知運動水平的進化，與它在反射和語言思維水平的發展遵循相同的規律。最早的物理客體和幾何空間，分別體現了實用客體和實用空間特有的現象；同樣，理性因果關係的獲得，依賴實用因果關係意識的獲得。

第一、二階段：初級圖式特有的因果關係

皮亞傑認爲，初級反饋的形成，是後天和習慣聯想的起點。兒童憑藉吮吸習慣和建構適合這一活動的諸多圖式，成功地建立了自己的姿勢與食物的獲得之間，面頰與乳房以及隨之而來的哺乳之間的關係。由於不斷地看，他發現了某個面孔與某種事件總是接踵而至，由於不斷地聽到什麼，他發現視覺、聲音和影像有某種聯繫。從此，他開始有規則地看他聽到的。透過抓握實踐，他最終學會了把某種接觸與某種屬性聯繫起來。從這些事實是否

---

[42] 同[28]，p.221.

可以斷定，由同化圖式形成，並由初級反饋鞏固的聯繫，構成了第一個因果關係形式。例如，把觸摸乳房的知覺與食物味覺印象聯繫起來，兒童是否能認識到前者是後者的原因？答案是否定的。皮亞傑認為，事情沒有這麼簡單，原因有三個：

（一）嬰兒最初的宇宙並不是由客體組成。當奶瓶、發音物體或者他感興趣的人消失時，兒童的舉動彷彿它們已經不存在了。這說明兒童的現實是同時被發現的性質集，而不是實體客體。怎麼斷定兒童賦予這些性質集一種因果價值呢？毫無疑問，我們可做如下假定：由於兒童缺乏實體性，所以他習慣於把簡單的屬性聯繫起來。這樣做的實質在於，把這些純粹的屬性關係，看作因果性和實體相結合的基礎。這些複雜的屬性集構成了最初知覺的整個宇宙，它可能把十分規則的聯繫系列孤立起來，以便把某些要素看作原因，另一些看作結果。

（二）兒童發現的性質並不處於同一空間。口腔、聽覺、視覺、觸覺和動覺空間有許多與吮吸、視聽等相關的運動協調過程，但是，它依然不包含環境，儘管它與客體處於同一水平，也未形成包含上述內容在內的統一環境。既然上述描述的性質集並未在空間中有序化，它們的空間化從總體上看，仍然與在活動中如何運用它相關，它又怎麼可能在自身產生因果系列呢？

（三）如果兒童發現的性質集未以客體的形式在空間中被認識，那是因為它仍然只與個人活動相關，如果它們不處於共同的空間，那是因為空間群完全依賴主體運動。性質集與活動不分化顯然導致這一事實：兒童無意識地把外部環境的某種屬性，與依附他自己的其他屬性聯繫起來，然而他並未把純粹的外部屬性聯繫起來。總之，與兒童活動有關的性質集，形成了一個球形的、

不可分割的整體，內部和外部要素在這個整體中密切地交織在一起。

由上述三個原因可以斷定，最初的感知運動同化和初級循環反饋所產生的簡單、規則的聯繫，並不足以產生因果關係。

因果關係究竟從何開始呢？

兒童的動作獲得預期的結果之後，必然經歷了一種感受：「某種事情發生了。」但是，某物的起因不在自我，因為兒童沒有自我意識，也沒有永久客體宇宙。有意義的結果產生之後，必然擴大了渴望、努力、期待等感覺。換句話說，獲得食物，擴大了吮吸活動，視覺影像擴大了看的活動。皮亞傑把它稱之為效益感。他認為，最初的因果關係「一方面是動力主義的（效益感），表達了活動本身的意識。但是，另一方面，它是現象學的，而且是被形成的，只與主體發現的外部素材有關」[43]。皮亞傑斷言，動力主義和現象主義是一個不可分割的整體，直接產生於較初級的同化和順應。由於兒童逐漸意識到自己活動的影響，因而他發現了與自己活動相關的客體，並且賦予它們效益感。此外，同化與順應不分化，所以動力主義只有與客體中發現的現象主義聯繫結合起來，才有可能產生。因果關係依賴現象主義和動力主義的聯盟，因此，它是基本機制所獲得的、最簡單的意識成就。現象主義和動力主義實質上代表了兩極，前者是外部或者物理因果關係，後者是內部或者心理因果關係。在感知運動的前兩個階段，這兩種因果關係逐漸分離。由於二者分離，它們特有的現象主義和動力主義逐漸消失，一方成為空間的，一方成為意向的。

---

[43]　同[23]，p. 228.

「總之，我們認爲，在因果關係的起點上，能夠找到四處彌散的效益感，它也許與活動本身相伴而來，但是，兒童不是把它限制在自我之中，而是置於活動頂點之上。」❹因此，兒童的整個宇宙充滿了這種效益感，或者毋寧說，每個熟悉的知覺都有效益感。它也許在客體中，也許在主體的身體中。這種效益感誘發了因果關係。無疑，最初萌發的因果關係只是知覺水平的。

第三階段：魔術現象主義的因果關係

第三階段開始形成第二反饋，卽，抓握和視覺的系統協調。空間概念方面，形成了主體群，而且主體群與實用群產生協調。在客體概念方面，事物最基本的永久性作爲活動的函數產生了。除此之外，還有第三個成果：因果關係前概念取得了本質的發展。

皮亞傑指出，在第三階段，由於視覺與抓握獲得了協調，有三種聯繫進入了兒童的視覺場：身體的運動、依賴身體運動的運動、完全獨立的運動。與這三種運動相對應，形成了三類因果關係。

第一類，由身體運動，特別是手與腳的運動形成的因果關係。一方面，兒童在第三階段逐漸意識到運動的目的性，主要表現爲他們渴望再生某種運動。另一方面，若是由此斷言兒童已經獲得自我意識，則是不審愼的。皮亞傑認爲，自我的形成依賴於同其他的自我和環境加以對比。而在現階段，對他人的分析（如果有分析的話）需要透過模仿進行，對物質環境的作用也只是一個粗略的輪廓，尚未產生明顯的阻力感。「因此，兒童遠不能把

---

❹　同❷❸，p.228.

他的目的和力量，賦予既不同於『非我』（non-self）又與外部
世界相對立的『自我』（self）；自我和宇宙仍然組成一個唯一的
整體。」❹即使兒童逐步意識到他的運動和支配手腳的目的性，
他還是把這一有效的目的和力量與知覺世界絕對統一起來。目的
意識只導致原因和結果分離，原因與有效目的相一致，結果與已
經發現的現象相統一。由此可以斷定，原因有內化趨勢，但是，
它還沒有在自我中內化；它只內在於直接的現實中。可以把它看
作初級內化。結果自然被置於與其他現象同一的宇宙中。只有對
觀察者來說，兒童的手腳才屬於他自己，而對於兒童來說，自己
的手腳究竟是什麼，他自己也不知道。儘管如此，原因和結果開
始分化在因果結構中依然有著不可低估的影響。至少在與身體有
關的運動中，他意識到了一般原因的存在：渴望、目的、努力……
一切意識活動的動因。到此為止；因果關係依然與第一、二階段
有密切的關係，它還是現象主義和功效主義的統一體。

　　第二類：客體和主體身體相關的運動。從兒童本身來看，第
二類關係與第一類有本質的差別。兒童有目的的動手，並不意味
著兒童已經認識到他的目的與已經被發現的客體運動之間有任何
理智的聯繫。兒童不知道自己是主體，有視覺，有意向性等。所
以，「把願望和身體運動聯繫起來的因果關係，只是功效和現象
主義相結合獲得的因果關係。」❹第二類因果關係與第一類因果
關係雖然有很大差別，但是，它們之間卻包含了一切可能的轉
變，第二循環反饋完全被包容到功效主義和現象主義相結合獲得
的因果關係中。

---

❹　同❷，p.233.
❹　同❷，p.234.

第三類: 與獨立運動相關的獨立的因果關係。不依賴活動的因果關係在第三階段只初試鋒芒。只有進入了主體活動的範圍，它們才是因果關係，所以這種因果關係依然與活動有關。實際上，只能把它們看作簡單的視覺或表象，而不是真正的因果關係。當然這並不是說其中沒有任何因果關係。眼睛看客體很可能變成爲看而看，或者把注意力和興趣集中於客體。這樣，兒童便產生了一種印象: 客體與他的愉快、他的渴望相關，總之，與他活動的意識動力相關。可以說，只要抓握和意向活動沒有進入系列關係中，獨立系列的因果關係就仍然是前兩個階段因果關係的延長。另一方面，活動一旦介入，這些系列就完成了第二類因果關係的絕大部分，卽，依賴運動關係。如此說來，爲什麼還有第三類因果關係？它與第二類有什麼區別？皮亞傑指出，它們之間有維度的差別。當兒童直接動作，並且重複他的活動時，他確立的因果關係只是純粹功效的和現象主義的因果關係: 產生的效益僅僅擴大了活動的動力。相反，當兒童以某種方式介入了事件系列之中，他必然會形成較爲強烈的客觀性和外在性印象。但是，這只是程度問題，不是真正的對比。

皮亞傑指出，這三種因果關係實質上只是同一類因果關係的三種表現，彼此之間沒有十分明顯的界限。兒童把一切因果關係功效和自身之外的現象作爲活動的動力，但是，這外部現象是從他的身體游離出去的，被視爲活動的直接結果。在第一類因果關係中，這一結果也許更內在、更熟悉；在第三類因果關係中更外在，不過這只是程度的差別。此外由於結果的外化確定下來，現象主義漸漸與功效分離，有變爲物理因果關係的傾向，或稱之爲因果關係空間化。然而分離並不十分充分，第三階段的因果關係

仍然取決於現象主義和功效主義的統一。

第四階段：因果關係客觀化和空間化

第四階段的因果關係與客體、空間等概念形成相對應。它的最大特點是中介性。永久客體的中介性表現爲主體需要客體具有某種永久性，然而只限於在特殊位置上，而這些位置本身取決於較早的活動系列。空間中介性表現爲中介群的出現，它位於主觀群（第三階段的群，完全依賴於活動）和客觀群（第五階段的群，由客體位移形成的群）之間。它預示著客觀群的出現，但是，它仍然依賴身體的活動。與之相應，因果關係也呈現出中介性特徵。主要表現在因果關係有客觀化和空間化的趨勢，然而，它還沒有與姿勢或者活動的功效分離。

中介性特徵由本階段的行爲模式或動作圖式決定：把熟悉的方法用於新情境。運用熟悉的方法造成了本階段因果關係依附於姿勢功效性的一面。也就是與第三階段相聯繫的一面。把熟悉的方法用於新情境，激起了主體對客體的興趣，這又促使因果關係出現客觀化和空間化的趨勢。所謂中介性就是過渡性。就因果關係而言，中介性的形成依賴中介物。這些中介物與主體相關，在邏輯上它應該具有主體性特徵，同時又具有客體性特徵。皮亞傑認爲，最適宜的中介物是主體的身體，如手、肩等。另外，還有他人的身體。前三個階段，主體身體並不是客體，而到了第四階段，由於主體意識到某種結果與自己的活動有關，從而開始注意自己身體引起的某種活動，這樣與活動有關的身體某些部位便成爲客體。不僅如此，主體還注意到他人的身體也能引起運動，特別是他感興趣的運動，這樣他人的身體也成爲一種特殊的客體，正是因爲這兩種特殊的客體，主體的因果關係才出現了中介性特

徵。中介特徵對因果關係產生了什麼影響呢？皮亞傑認爲，與中介性相關的因果關係的第一種形式，便是因果關係的空間化和客觀化。

客觀化和空間化的出現在於「兒童不再把他自己的活動作爲因果關係的唯一源泉，並且把他人的身體作爲特殊力量的聚合體。一方面，兒童由於未能成功地再生他感興趣的結果，就設法把自己的手、肩、嘴等作爲必要的中介。另一方面，他作用於某人身體，並不是作用一個只延長了他的活動的毫無生機的物體，而是透過不連續的壓力，如單純的觸摸等使他人身體的活動釋放出來」❹，這兩個方面，恰恰表明了因果關係的客觀化和空間化。其中的客觀化表現爲，在兒童心目中，他人的身體變爲因果關係的自主核心。這表明，兒童意識到自己以外的特殊客體，可以成爲某種結果的原因。這與把主體活動作爲唯一原因的因果關係相比，確實稱得上因果關係客觀化了，確切地說，它表現爲原因的外化或客觀化。因果關係的空間化表現爲兒童雖然想讓他感興趣的現象重複出現，但是，他不是透過功效性作用於他人的手，而是把他人的手推到他滿意的位置，以便使它與客體發生某種空間聯繫，從而獲得他所預期的結果。在有意識的空間接觸中，促使他人完成某種活動，這便是因果關係的客觀化。

如何看待因果關係的客觀化和空間化？皮亞傑認爲，即使因果關係客觀化了，我們依然不能斷定它本質上已經與活動本身分離。換句話說，依然不能證明客體的運動和相互作用完全不依賴主體的活動。既然與主體活動有關，就不能排除因果關係中的功

---

❹ 同❷，p.261～262.

效作用。功效作用在現階段的持存表明，因果關係的客觀化，並不排除我們在作用事物時所獲得的某種感受。兒童一看到物體自發的活動，就相信只要自己介入活動，活動就可以持續下去。所以他並沒有把事件的因果關係置於自身之外。若是兒童不甘心當個觀察者，躍躍欲試地想延長他見到的情況，他就會啓動中介系統的運動，以期獲得預想的結果。中介系統的出現引發了因果關係的空間化。可以說，以中介爲前提的客體因果關係的出現，誘發了因果關係的空間化。其中的契機是主體自己和他人的身體成爲中介。這軀體既是客體，又是活動的延長，故稱爲中介。皮亞傑認爲，因果關係的客觀化不一定馬上伴隨空間化，但是，他使空間化成爲必不可少的事。

第五階段: 因果關係實現客觀化和因果化

第五階段，客體獲得了真正的永久性，並且擺脫了抓握場中運動的統一性; 空間方面出現了客體群，主體形成了第三循環反饋，這一切進化都與因果關係的進化息息相關。在第五階段，因果關係的發展十分明顯，粗略地說就是因果關係實實在在被客觀化、空間化了，它在知覺宇宙中外化，並且隨時可以自由運用於可見活動本身。

因果關係的客體化、空間化意味著什麼? 它表明，主體已經意識到因果關係在他的活動以外存在著，他第一次在他發現的事件中確立了不依賴主體活動的因果關係鏈條。若是兒童看到物體A引起了物體B的運動，他知道原因與結果的關係是一個外部客體與另一個外部客體的關係。因此，客體與活動分離，並被視爲永久客體，客體的運動也被置於客體內的客體群中，這些群逐漸形成自動的活動中心，從而成爲外部因果關係的基礎。在客體化

的因果關係中，兒童只對客體本身發生興趣，對運動的興趣大大地淡漠了，客體破天荒地成爲實體，迫使主體順應它。

因果關係的空間化並不由客觀化派生出來的。客觀化使主體認識到活動中心並不一定都在主體自身，這些活動中心與其他中心可能沒有什麼聯繫，主體似乎沒有與它們在空間中接觸的欲望。在兒童心目中，宇宙是一種在遠處相互作用的原子論宇宙，不是客體相互依存的世界。不過客觀化空間的出現，是空間化的前提。因果關係的空間化由活動在空間化過程中作用於事物開始。當主體一旦發現他需要起媒介作用，並且爲了活動進行積極的空間接觸，他就會放棄功效因果性，用眞正的物理因果性來代替它。由此可以斷定，活動的空間化在心理學上需要因果關係的客觀化。在客體化和空間化的過程中，主體學會了如何把自我與外部世界分開，因果關係在空間化的關係中客觀化。

問題是因果關係空間化和客觀化以後，在初級階段上存在的現象主義和功效主義是否存在？皮亞傑認爲，它們無疑存在。但是已經被圖式改造過了。功效性最大限度地體現了活動、身體與外界的聯繫，它與自己的目的性關係更爲緊密。而現象主義則更多地涉及客體之間的關係，它們是因果關係中的兩極。在第五階段，現象主義與功效主義分離，並且隨著新圖式轉變爲物理因果關係。「這是否意味著功效性被擠出歷史舞臺？完全不是！在兒童所意識到的自己的意向與自己的身體活動之間，它依然有效……因此，功效性因果性成爲心理因果性，只存在於物理因果性的對比中。」[49]也就是說，物理因果性的出現，使現象主義和功效

[49] 同[28]，p.288.

因果性分離，並且使他們成爲新圖式的一部分，功效因果性並沒有因此而消失，它是一種心理因果性，或者是初級因果性，它在一定的範圍內還發揮著作用，這作用永遠不會消失。

空間化和客觀化引起了另一個問題：即兒童在他自己的身體與環境中的客體之間確立的因果關係問題。由於因果關係不僅僅是客體間的關係，還包含了主體與客體間的關係。如果正視這個問題，兒童必須識別兩種因果關係：影響事物相互關係的空間化和客觀化的因果關係；把意向與行爲聯繫起來的功效性或心理因果關係。兒童怎樣設想他的身體與物體活動的關係呢？皮亞傑認爲，兒童會認爲他的活動在某種程度上依賴外部世界的法則。皮亞傑指出，這一點十分重要，因爲它說明兒童的世界發生了巨大的變化。如果說在第五階段以前，兒童的世界以自我爲中心，或者以他自己的動作爲核心，現在這種自我中心解除了，兒童已經意識到他與客體是相互依存的關係。他不是因果關係的唯一壟斷者，而是成爲諸多原因中的一個原因。

第六階段：表象因果關係

第五階段，因果關係實現了客觀化、空間化，人們是不是可以認爲，因果關係的進化隨著這一結果的出現而宣告結束。不！原因有兩個。第一，第五階段的因果關係只是兒童知覺場中的因果關係，並未脫離直接感覺。換句話說，第五階段獲得的因果關係只是知覺因果性。第二，當活動超越了直接素材時，兒童便無法成功地表象它。這兩方面的限制意味著第五階段的兒童沒有因果關係表象；當出現某種結果時，他能想像原因，但是，不知道如何引出這些結果。

第六階段就不同。兒童能夠想像不在現場的客體，向自己描

述沒有出現在知覺場中的位移，從而能夠在結果出現並且未發現活動原因時，重新構造原因。另外，若某種被發現客體是自發活動的源泉，他能預見，並且能向自己描述那些即將出現的結果。換句話說，在第五階段，兒童能夠根據原因預見結果。

皮亞傑認爲：「如果因果關係的客體化和空間化由第四階段開始，在第五階段得到鞏固，那麼第六階段則標誌著這一過程的完成。」❹這與表象的出現有著必然的聯繫。因爲表象的出現需要宇宙概念作爲持久的因果關係體系，也因爲身體自身的活動需要整體活動的表象，所以是非智力的。隨著表象因果關係演繹的出現，兒童能夠在時間上延長知覺素材，並且自己也能夠適應在他人身上觀察到的因果關係。在第六階段，主體第一次真正把自己作爲因果關係諸多要素中的一個要素。

現在的問題是，表象因果性的出現是否意味著前幾個階段的因果關係完結？皮亞傑認爲，可以從兩個方面來考慮因果關係的發展。第一，據說每個階段都有一個完全的轉變，它在兒童的心目中幾乎完全是自發的。從這一前提出發，如果兒童能夠使因果關係客觀化和空間化，他就會放棄一切功效性和現象主義。第二，每個階段的出現以核心分化爲標誌，它的形成對前面諸階段構成的整體結構層也許不會產生直接的影響。事實上，兒童在第六階段又獲得了以前從未有過的行爲模式，但是並未放棄以前的行爲模式。因爲，各個階段的因果關係是一個連續的分化整合系列，它在舊形式上建立新形式，因此，新形式的出現，並不意味著舊形式被廢除，只能說它被整合到新形式中去，成爲新形式的

---

❹ 同❷，p.298.

一部分。確切地說，「第六階段的行爲模式（因果關係表象），並
不排除第五階段的行爲模式，只是使它們更完善，並且以它們爲
前提。」❺皮亞傑宣稱，第二種解釋更爲貼切。這種解釋是皮亞
傑發展階段理論的基本主張，即認識的發展是一個不斷從低級到
高級的連續發展過程。是一個彼此密切關聯的螺旋體。在發展過
程中，初級的東西不會被放棄，只會被分化、整合……。

時間場

　　皮亞傑認爲，時間像空間和因果關係一樣，也是被逐漸建構
的，並且包含了相互關聯的結構體系。若是沒有時間和其他範疇
的組織形式、相互關係，重新建構兒童所構造的時間系列就沒有
什麼意義。按照規律，感知運動階段依然研究時間的起源問題。
時間的發生，從總體上可以描述爲「從極端自我中心的直接性出
發，形成種種關係，從而使心靈不受個人觀點的制約，並且使心
靈置身於統一的宇宙中。在起點上，時間與期待、努力和滿足等
心理間隔的印象交織在一起。這種心理間隔逐步與外部世界的事
件建立起越來越密切的聯繫」❺。隨著感知運動智力的開始，時
間必然超越純粹的間隔。但是，時間從間隔開始有一個必不可少
的條件：與全部智力活動不可分割的空間化和客觀化。以它爲前
提，間隔才能最終成爲眞正的時間。時間場的形成過程與客體、
空間、因果關係的進化同步。

　　第一、二階段：時間和實用系列

　　皮亞傑認爲，對這兩個階段兒童時間知覺的研究十分因難，
很難作出直接的分析。皮亞傑根據主體客體結構同步的原則斷定，

---

❺　同㉘，p. 299.
❺　同㉘，p. 321.

雖然很難分析第一、二階段的時間意識，但是，這並不意味著在智力進化的前兩個階段沒有這種意識。事實上，這時只是有未用於外部現象的時間概念，沒有包括不依賴個人活動的事件發展在內的時間場。相比而言，空間由身體運動的實用協調開始。因此，最初的時間不是從外部發現時間，而是活動過程本身經歷的間隔。

什麼是間隔？它是在活動發展中內在地體驗到的期待和努力感受的混合。由於兒童的外部世界和內部宇宙沒有差別，所以間隔彌散在兒童的整個宇宙中。間隔不是由眞正的「前」、「後」組成，也不是由間歇的度量組成，前者與事件自動調控有關，後者依賴外部世界的活動和標誌之間的關係的形成。因此，時間在它的直接性，也在它的印象之中，卽是意識狀態固有的發展和一系列方位感。

也可以用記憶來分析時間。最初的記憶是識別記憶。每個記憶都需要定域。回憶印象和識別是不可分割的，對以前的所見所聞，限定取後的記憶。但是，這裡並沒有過去和現在的分化，只是在性質上把過去延伸到現在。皮亞傑由上述分析斷定，「前兩個階段特有的時間是實用時間，它把同一圖式的連續運動聯繫起來，但是，未曾意識到自己的發展，而且它充其量只引起了心理間隔特有的期待、努力、達到目的之後的感受。」⓺

第三階段：主觀化系列

第三階段，時間系列超越了個人動作和姿勢之間純粹實用的聯繫，從此時間開始應用於外部事物。但是，時間向事物運動的

⓺ 同㉘，p.327.

延伸仍然從屬於一個基本的條件： 這些運動依賴個人的活動。
即，時間由應用於現象的系列開始。而這一系列取決於個人的干
預。我們把這樣的系列稱之爲主觀系列。

　　主觀系列是把時間應用於事物，但是，只限於受主體控制的
事件中。也就是說，兒童依然沒有發現不依賴自己的事件系列，
他還不能形成客觀系列。不過他已經超越了純粹的體驗性時間水
平。主觀系列是從實用系列向客觀系列轉變的中間階段。

　　皮亞傑認爲， 在第三階段起點上， 時間排列由實用時間開
始，實用時間無意識啓動了主觀系列。主觀系列的出現引起了主
體的探索，而探索最終使實用時間變成了主觀系列。可以說，當
第二循環反饋對兩個客體而不僅僅是一個客體產生影響時，主觀
系列便形成了。因爲兩個獨立客體出現，其中一個制約另一個的
活動，便有可能在連續運動的純實用系列以外，形成系列知覺。
系列知覺便可能使兒童辨別前與後，要知道，時間場與因果關係
的形成密切相關，因在前，果在後，前與後的意識在因果關係中
萌生了。當然，兩個物體的因果作用關係，以主體活動爲核心，
正因爲如此，時間系列才稱之爲主觀系列。可以說，這裡的時間
依然是心理時間。

　　第四階段：時間客觀化的開始

　　時間的客觀化取決於本階段的圖式、客體、空間、因果關係
的客觀化。時間客觀化過程中唯一可以確定的是，時間的記憶和
建構並不是從物理和客觀的時間到主觀的時間間隔，而是從未整
理的，並且純實用的時間，到有序的、物理方面與心理方面逐漸
分化的時間。這一分化過程就是時間客觀化過程。

　　皮亞傑指出，第四階段尋找消失客體的行爲，最能體現時間

客觀化的特點。物體消失在A處，兒童立即去找，結果在A處找到了客體。後來，物體消失在B處，兒童目睹它消失，在B處去找，卻未能找到，立即又返回A處去找，當然不可能找到。皮亞傑認爲，客體消失在A處，兒童在A處尋找，意味著時間系列出現客觀化特點。但是，過去的行爲一旦對物體的再現產生影響，時間系列又變成主觀的。實用記憶再一次支配了眞正位移的記憶。

總之，第四階段的時間系列表明，兒童已經能夠創造時間的客觀系列，從而能夠按照時間順序處置事件。但是，這種能力尚處於開始階段，還不穩定，並且受實用記憶支配，即受主觀系列支配，因此，它表現出主觀系列和客觀系列相混合的特點。第四階段只能算作客觀系列的開始。

第五階段：客觀系列

在第五階段，時間超越了個人活動固有的時間間隔，運用於事物本身，並且形成了連續系統的鏈條，把外部事件彼此聯結起來。換句話說，時間不再是僅僅把主體與客體聯繫起來的每個活動的必然結果，而是一般環境，包括主體也包括客體。當客體不再單純地表現主體的意向，而是組成一個實體宇宙，當空間擺脫個人活動特有的透視作用，成爲實體宇宙結構，當因果關係超越主體活動的功效性，把外部現象彼此協調起來時，時間也在相似的進化法則支配下，與物理因果關係、空間和客體永久性相結合，把它以前從屬的個體活動系列組合起來，進行再建構，使之成爲客觀時間系列的一個組成部分。

第五階段的行爲模式乃是有規則地尋找已經消失的客體。兒童看到客體隱藏在A後面，並且看著它消失在B，這時，他不再像前一階段那樣在A後面去尋找客體，而是直接去B處尋找。從

時間的觀點來看，這無疑意味兒童記住了客體的位移，並且確定了它們的準確秩序。事實上，可以肯定，主體忘記了位置A。他在B處尋找是因爲這一位置是他最後看到的。兒童在第四階段的尋找方式，只能解釋爲A處的優勢在於它曾經獲得過實用性的成功。而第五階段的表現則可以使人斷定，兒童第一次有能力創造一個客觀系列，卽，通過時間秩序處置外部事物，而不僅僅憑藉個人活動或者活動的延伸。

　　然而，這裡所形成的客體系列仍然有局限性。它們只涉及直接看到的事件，還不能用表象處置這些位移。卽使有過去事件的表象，再生過去的表象是一回事，在心理上把業已發現的位移表象結合起來是另外一回事。因此，第五階段的時間，仍然是一種直接知覺，它的客觀化主要指客觀地知覺到客體的時間系列，而不是以主體實用性成功爲轉移。

　　第六階段: 表象系列

　　本階段創造時間系列的主要步驟是超越現在，以便獲得過去和未來。因此，爲了使智力活動能夠把知覺素材置於穩定、統一的整體宇宙中，我們努力想使心靈擺脫直接知覺。這使表象的出現成爲迫在眉睫的事。而且客體、空間、因果關係的建構，以及時間場的創造，需要表象的發展。時間表象的出現，首先仰仗於第六階段的行爲模式「透過內心結合發明新方法」。如果皮亞傑的圖式理論成立，那麼「透過內心結合發明新方法」的行爲模式和與之相應的圖式系統建立，便爲表象的出現奠定了基礎。其次，時間表象系列的出現還取決於客體、空間和因果關係。在第六階段，「不可見位移表象」、「表象群」、「表象因果性」均已出現，因而時間表象系列也就呼之卽出了。事實上，這幾個環節永

遠是同步的。第三，表象時間系列的出現依賴記憶。而時間表象的出現，使心理同化擺脫直接知覺，並且有可能把表象系列的形式擴展到過去和未來。表象系列是由第六階段智力運算擴大的客觀系列，這些運算產生了與時間相關的表象，就此而論，這些運算是喚起的記憶；而記憶並不是什麼特殊技巧，只是心理同化，尤其是再生同化。

皮亞傑的理論表明，主體的建構與客體的建構是同步的，這種同步性主要由主體的機能——同化、順應——和結構或圖式造成的。早期主體客體不分化，是由於同化與順應處於混沌狀態，中期的主觀化，是由於同化相對於順應的優勢地位，而後期的客觀化，則是同化與順應獲得平衡的必然產物。眞是成也蕭何，敗也蕭何！正因爲皮亞傑的建構理論倚重內在的機能，故而有不少人認爲皮亞傑是機能主義者。不論這一評價是否恰當，從這一名稱不難看出機能在皮亞傑理論中的重要地位。

總之，皮亞傑認爲，在感知運動階段，機能的分化經歷了原始同一、同化優於順應的初步分化、同化與順應的平衡；圖式的建構由相對不分化的反射圖式到第一循環反饋、第二循環反饋、第三循環反饋；在二者支配下的客體、空間、因果關係、時間也經歷了與本能相關的實用階段、主觀階段、客觀階段。這一雙重建構的過程充分表明主體與客體是同構的，而同構的原因在於主體機能的主動性，即主體透過自己的動作、內部機能和圖式建立了客體。

貳・從動作水平向思維水平過渡

感知運動階段的結束，完成了人類認識史上第一次「哥白尼式的革命」。即，「活動不再以主體的身體為中心。主體的身體開始被看作是處於一個空間中的諸多客體中的一個；由於主體開始意識到自己是活動的來源，從而也是認識的來源，於是主體的活動也得到協調而彼此關聯起來。」[53]但是，這些成就無論多麼矚目，依然是在動作水平完成的，因而去中心化和由此獲得的平衡也是動作水平的。從動作水平到思維水平的過渡經歷了漫長的時期。皮亞傑在一些著作中把認識的發展分為三個階段，一些著作分為四個階段。學術界為此爭論不休。筆者認為，三個階段與四個階段之分只是措詞不同而已，沒有實質的區別。四個階段劃分中的前運算階段「仍然停留在活動格局和概念之間的中途」[54]，它具有動作水平的特點，並且逐漸積澱了概念水平所需要的一些因素。而三階段之分，從 2～8 歲被劃分為過渡期，它的特徵與前運算階段完全吻合。因此，筆者打算採納皮亞傑的三個階段說。關於過渡階段，我們著重介紹它為從動作水平向思維水平過渡所創造的條件等。

一、從動作向思維過渡的基礎──平衡過程

皮亞傑指出：「為了理解運算形成的機制，首當其衝的是知道必須建構什麼，即，感知運動智力必須增加什麼才能擴展為概

---

[53] 《發生認識論原理》，頁24。
[54] 同[53]，頁23。

念思維。事實上，最膚淺的莫過於假定智力的建構在實用水平已經完成，隨後，簡單地求助於語言和形象的表象就可以解釋現成的智力是如何逐步被內化爲邏輯思維的。」❺❺ 因爲，感知運動智力和概念智力之間有重大差別。 第一， 感知運動智力的行爲，只在於使連續的知覺和明顯的運動協調起來，它只是一些連續的狀態，憑藉簡單的預見和再建構聯繫起來，但是，並未獲得完整的表象。也就是說感知運動智力如同慢放的影片，其中所有的畫面看起來都是連續的，但是沒有溶合，因而也沒有爲理解整體所必須的連續視覺。 第二， 感知運動智力活動只造成了實用的滿足，即只導致活動的連續性，卻沒有形成對連續性的認識。它的目的不是爲了對事實進行解釋分類或說明。它賦予事實因果性，對它分類並加以說明只是出於主觀目的，與追求真理無關。由此可以看出，從感知運動智力不可能直接過渡到概念思維，它需要經歷曲折的再建構過程。皮亞傑認爲，「心理的發展，實質上就是趨向平衡的活動。」「也可以說， 發展是一個繼續前進的平衡過程，從較低的平衡走向較高的平衡水平。」❺❻

　　平衡有 equilibration 和 equilibrium 之分。前者指平衡過程，後者指平衡狀態。可以說認識的發展或建構，就是平衡狀態和平衡過程的統一。感知運動階段的結束，標誌著認識在動作水平獲得了第一次平衡。我們可以把它看作平衡過程中達到的第一個平衡狀態。這個平衡狀態並不是最終的平衡形式。按照皮亞傑的看法，平衡具有三個基本特徵。

　　(一)穩定性。所謂穩定性有兩個含義，其一， 認識達到一定

---

❺❺　Piaget: *The Psychology of Intelligence,* London, 1959, p.122.

❺❻　皮亞傑:《兒童的心理發展》，山東教育出版社，1982年，頁20。

階段便獲得平衡。在這個階段限定的範圍內，它執著地按照自己的圖式運作，小小的外界干擾奈何它不得，很快就會被它所同化。這說明它具有一定程度的穩定性。如果超出這個範圍，它們的穩定性就不復存在了。其二，平衡過程與平衡形式（狀態）之間有連續性。平衡狀態被打破後，透過機能和結構自動調節的補償作用，認識將會不斷走向更好、更穩定的平衡。感知運動階段所達到的平衡在動作水平是穩定的，這種穩定性足以說明過渡時期的前期何以有如此鮮明的動作思維特徵。但是，在主體與客體的相互作用中，我們不可能總是停留在動作思維水平上，我們一旦走出動作思維，企圖用概念進行思維，動作水平的平衡就被打破了。因此，認識若想從動作水平進入概念思維水平，必須獲得新的平衡。平衡本身的慣性，迫使認識走向新的平衡。若是不能做到這一點，長期處於不平衡狀態，勢必會出現停滯、被淘汰，乃至覆滅。

　　(二)補償。補償是平衡的孿生兄弟，也是平衡必不可少的前提之一。補償是機能和結構的活動，它有兩種表現形式：一種是當干擾出現時，對它置之不理，這樣干擾就無法破壞原有的平衡。另一種是當干擾出現時，爲了維持平衡，把一個圖式分解爲若干個子圖式，以便使圖式能夠同化突如其來的干擾，或者對它產生順應。因此，補償的兩種方式是：否定外部事件的干擾作用，或者改變圖式。補償作用具有如下特點：(1)「每個補償都會征服障礙或者使它脫漏。換句話說，補償或者是棄置（倒置）或者是抵消（交換）干擾。」❺⑦(2)「認知補償的第二個普遍特徵

---

❺⑦　Piaget: *The Equilibration of Cognitive Structures: the Contral Problem of Intellectual Development.* Chicago, 1985, p.22.

是，補償包括對成功和失敗的評估。這與補償的源泉息息相關。由於干擾阻礙了圖式所要達到的目的，引起同化和順應的不平衡，從而啓動了補償機制，所以這種評估在於判斷在什麼程度上可以達到目的。」[58] (3)「補償共有的第三個特徵是它們在轉變期間有保存某些東西的傾向 —— 如保存狀態、順序、圖式或子系統。」(4)如果補償說明了平衡過程的機制，那麼這些形成過程既是建構的又是守恆的。通常干擾因素和對干擾的補償順應會產生新的認識。由此可見，補償是平衡過程中的積極因素之一。

(三)主動性。從補償我們已經可以看出，平衡過程是一個主動的過程。干擾出現時，它不是被動地服從，而是積極地改變對方或者改變自己。正是因爲平衡的主動性，主體在與客體的相互作用中，才具有主動性。主體越主動，補償的改造和自我改造能力便越強，結構便越趨於平衡。

從感知運動水平向概念思維水平過渡，乃至在一切思維水平上，都必須達到三個方面的平衡。

「第一種平衡出現在把客體同化於主體活動圖式和活動圖式順應客體之間。這種平衡是主體與客體之間基本的相互作用的函數。」[59] 在感知運動初期，同化與順應是不平衡的，起初，同化作用大於順應，一直到最後一個子階段，二者才趨於平衡，這種平衡使主體獲得了動作水平的最高成就，完整的動作圖式和表象客體。當動作思維向概念思維過渡時，原有水平上的問題還會出現。例如，到第六個子階段時，兒童能夠從A地走向B地，或者能夠完成某個動作，但是，若是讓兒童用概念思維完成這一過程

---

[58] 同[57]，p.24.
[59] 同[57]，p.7.

或動作，他就將從頭開始，同化與順應再度出現不平衡。並且再一次經歷新水平上的分化、去中心化，最終出現新的平衡。

「第二種平衡必然涉及一個完整系統中諸多子系統之間的相互作用。」[60] 這種平衡從一開始並不是自動的或者肯定會獲得成功的。事實上，子系統常常由最初彼此獨立的圖式產生。而且它們的建構速度各不相同，正因為如此，子系統之間的平衡委實難達到。感知運動結束之際，形成了動作圖式系統。在這個系統中，諸子系統已經獲得了協調。但是，當同化與順應在新的水平經歷再分化時，獲得協調的子系統也將再次經歷分化。由於分化的速度不相同，因而獲得協調也顯得異常緩慢，這就是過渡期漫長的原因之一。子系統在新的基礎上徹底分化之後，需要在同化和順應的相互作用中產生協調，從而達到新的水平上的平衡。

「第三種平衡出現於整合和分化之間，或者換句話說，出現在子系統和由子系統構成的整體系統之間。它不同於第二種平衡，因為它為同一個子系統平衡所包含的簡單的水平關係，增添了等級的維度。」[61] 整合與分化顯然是否定的。一方面，把一個整體T分化為子系統S不僅表明了每個子系統擁有什麼，而且說明它排除了什麼。即，它規定了一個子系統不包含的屬性和另一個子系統包含的屬性。另一方面，把子系統S整合為一個整體系統T，要求一切子系統共同擁有的屬性必須是統一的，而且是積極的。也需要它們共同缺乏的屬性、不屬於T1的屬性具有否定性，並因此而被識別。整合和分化，肯定與否定持續進行建構，直到超越T並且組成T1，形成新的平衡為止。

---

[60]　同[57]，p.7.
[61]　同[57]，p.8.

綜上所述，平衡包含了認識發展的一切契機，它不僅決定了發展的機能和結構，而且決定了發展的性質，因此，從動作水平向思維水平過渡的基礎是平衡機制的啓動。平衡是發展的重要因素，但不是唯一的因素。皮亞傑認爲，從動作到思維的過渡是思維的內化。這種內化固然需要機能、結構、性質的平衡，而且也需要一些必不可少的因素，這些因素概括起來說就是信號性功能。

二、從動作向思維過渡的手段——信號性功能

從動作到思維需要動作的內化過程。因爲感知運動階段的思維是動作思維，思維的內容就是動作的內容。這是由主體與客體之間缺乏概念中介造成的。因而這種以動作爲媒介，以動作爲內容的思維具有很大的直觀性。若要去掉這種直觀性必須使思維內化。而內化的重要手段就是建立主體與客體之間的中介系統，在前運算階段或者過渡階段，這個系統就是信號性功能系統。

自從巴甫洛夫的條件反射學說問世以來，人們形成了一種牢固的信念，即第一信號系統是實物系統，它與進食密切相關，第二信號系統是語言符號系統。皮亞傑指出：「對兒童的直接觀察以及對某些語言干擾的分析表明，語言信號系統的使用，依賴更一般的『象徵性功能』的運用。」❻這些象徵性功能透過與信號物不同的信號中介表現現實。在皮亞傑的著作中，信號（significant）、信號物、象徵（significate）、象徵（symbol）、符號（sign）、指示物（index）、信號（signal），有著顯著的差別。

---

❻ *The Psychology of Intelligence.* p.124.

他認爲，從運動到知覺和習慣，從動作到概念思維，總之，一切思維都在於把意義聯繫起來，一切意義都蘊涵著 significant 和 significate 之間的關係。前者包含更多的主體性，後者則具有主體賦予的客體性。在 index 的情況下，significant 只是 significate 的一部分或客觀方面，它們憑藉因果關係聯繫起來；獵人在雪中追蹤獵物靠的是 index。index 顯然具有蹤跡、跡象的意思。signal 是主體人爲設定的，但是，它也成爲主體構成事件的一個方面或者一個部分。在心理學上，symbol 被定義爲 significant 和 significate 之間相似的紐帶，而 sign 則以慣例爲基礎，是「任意的」，並且是必要的。因此，沒有社會生活，sign 便不存在，而 symbol 則是個體獨立形成的。當然 symbol 通常是半 sign 半 symbol，另一方面，純粹的 sign 永遠是集體的。應該指出，「語言的獲得，卽集體 sign 體系，與 symbol 的形成，卽個人 significant 體系的形成相符合。」[63] 皮亞傑進一步指出，在感知運動早期，信號、信號物、符號等並未分化。一個不能引起表象的 sign 仍然具有知覺性質，還沒有從 significate 中分化出來，而 significate 與 significant 也沒有分化，因此，sign 不具有信號性功能，它僅僅是一個 index。巴甫洛夫的信號就是一個 index。眞正的 sign 應該與 significant 和 significate 分化，也就是說，與主體和客體分化，成爲獨立的中介。皮亞傑認爲，感知運動第六子階段出現了表象圖式，爲信號性功能的出現奠定了基礎。信號性功能的出現是認識發展的重要環節，它是感知運動圖式和機能分化的產物之一。因

---

[63]　同[62]，p.125.

此，它的發展也遵循一般的認識發生法則，卽從個別到一般，從外到內。根據這一法則，信號性功能大致可以分爲五種：延遲模仿 (deferred imitation)、象徵性遊戲（symbolic play）、繪畫 (drawing)、心理表象 (mental image)、語言 (language)。

模　　仿

在這五種功能中，模仿是基礎，後四種功能都是不同性質的模仿，或者由模仿引起，或者是模仿的內化。

在感知運動時期，模仿只是順應的一種擴張。這時的模仿是表象的「先形」，也就是說，「在感知運動階段它構成一種軀體運動中的表象，但還不是思維中的表象。」[64] 在第六子階段，兒童獲得了掌握模仿的充分能力，因而對延遲的概括成爲可能。所謂延遲模仿是指被模仿的模型不復存在時所做的模仿。也就是說某動作（他人）未完成時，兒童並未模仿，然而在後來和某個時間，他突然維妙維肖地模仿了某人以前的動作或某個事件的情節。皮亞傑認爲，模仿的延遲至少說明兒童內心已有表象圖式存在。而且此時的動作表象，已經從直接知覺中解脫出來，獲得了中立。所模仿的動作脫離了原有的範圍，成爲一個分化了的信號物，從而在某種程度上構成了思維表象。

但是，思維的表象是模仿機制的原因還是結果？皮亞傑認爲，心理表象像模仿一樣，都是圖式的一種順應，卽是活動的模本，而不是已經發現的客體的蹤跡或感覺的殘餘。表象也是模仿，是一種內化模仿，是圖式順應的延長物，與外化模仿是動作

---

[64] 《兒童心理學》，頁44。

圖式的順應一樣。因此，模仿和表象都是平衡過程的附產品。應該指出的是，作爲第一種信號功能的延遲模仿是個人的。它最大的功效是「有利於保持動作的內部輪廓，成爲日後形成思維的準備」。[65]

象徵性遊戲

　　皮亞傑認爲，（1）象徵性遊戲含有模仿因素。它是兒童遊戲的高峰。在過渡階段，象徵性遊戲是最能代表思維特點的信號性功能。這種過渡性首先表現在它不僅僅是單純的娛樂，而且是思維的運用。它同原始人在舞蹈中再現圍獵過程有異曲同工的效果。它是動作的，但又不是本能的，它透過動作完成了比較複雜的思維過程。（2）它是被動的，又是主動的。衆所周知，兒童不得不經常使自己適應一個由年長者的興趣和習慣組成的社會，該社會的強大力量對他們產生非同尋常的影響。同時，他們也不得不使自己適應一個更爲強大的物質世界，他們對這個世界一無所知。兒童不能像成人一樣，與社會和自然奮力一搏，求得智慧和情感的滿足，這使兒童在外部世界面前處於被動狀態。並且造成了兒童智慧和情感上的不平衡。根據皮亞傑的平衡理論，兒童勢必要找回平衡。爲了達到這個目的，他必須有一個可資利用的活動領域，他介入這個領域不是爲了使自己適應現實，而是使現實被他所同化，爲他所用。一般說來，象徵性遊戲可以協助兒童解決情感上的衝突，例如，怕狗的孩子在遊戲中勇敢地戰勝了狗，而狗也變得溫順多了；也可以對未得到的滿足加以補償，進行自我解放等。如果說模仿是順應的作用，象徵性遊戲則是同化的作

---

[65]　同[64]，頁45。

用。(3) 個人和社會的衝突。皮亞傑認爲，社會適應的主要工具是語言。它不是兒童所創造，而是透過強制的社會的形式傳給他的。語言是一種豐富的交流形式，兒童並不能立卽掌握它，所以它不適宜表達兒童的需要和生活經驗。因此，兒童需要一種自我表達的方式，卽一個由他構成並能服從他意志的信號物體系，以象徵性遊戲爲特徵的象徵體系。該體系透過象徵性「語言」使同化成爲可能。(4) 情感與思維的交織。象徵性遊戲的表現形式多種多樣，其中有情感也有思維。一個小女孩曾經在假期內看到一所舊教堂塔尖上懸掛著鐘。事後她好奇地問父親有關機械方面的問題。她筆直地站在父親旁邊，嘴裡發出震耳欲聾的聲音。父親嫌她太吵了，她說：「不要和我說話。」「我是一所教堂。」可見，「遊戲的象徵性甚至能完成一個成人的內部語言的功能。兒童不僅僅回憶一件有興趣或深受感動的事，而且需要一個更直接的象徵作用，使他能再現這一事件。」⑯

繪　　畫

　　繪畫是信號功能的一種形式，它被看作象徵性遊戲和心理表象之間的中介。從它的愉快功能和終極目標來看，好像是象徵性遊戲；從它力求模仿現實來看，又好像是心理表象。事實上，繪畫的最初形式似乎不是模仿性的，而是帶有純粹遊戲的性質，但是，它是一種練習性遊戲，2歲到3歲左右的兒童拿到一個鉛筆會亂塗亂畫。在無意識的「塗鴉」中，他很快能識別出各種各樣的形狀。此後，他便試圖根據表象和記憶描繪一個模型。雖然他的圖形並不高明，但是，只要有這種意圖，繪畫就會成爲模仿和表象了。

---

⑯　同⑭，頁47。

皮亞傑認為，8、9歲以前的兒童，繪畫意圖主要是現實主義的。它經歷了若干階段。首先，「潦草的現實主義」。這個形象的名詞表明，繪畫由隨意、潦草的塗鴉開始，兒童僅僅為了娛樂信手亂塗。塗抹慢慢顯出形狀，這形狀喚起兒童的某種表象或記憶，於是，兒童便進入了有意識地描摹某個形象的階段，這就具有了「現實主義」的特性。當然，他依然未能擺脫潦草的特點。其次，「不及格的現實主義」或缺乏綜合能力的階段。這個階段兒童雖然著意畫出某個場面或形象，但是，沒有整體感，各成分之間不能協調為一個整體：帽子本該戴在頭上，卻不知為何飄在頭上方；扣子或許畫在身體兩側。他們的畫無所不有，但是都有一個共同的特點：沒有整體感。第三，「蝌蚪人」階段。所謂蝌蚪人是指兒童的畫過分誇大了某個部分，縮小甚至忽略了其他部分。如畫一個人，畫了一個大大的腦袋，而四肢卻如同線一般的細短，或者四肢直接畫在頭部，沒有軀幹。這個階段的特點是缺乏整體協調感。第四，「理智性的現實主義階段」。這時的繪畫超越了最初的潦草塗鴉階段。它之所以被稱為理智的是因為它只描繪原型的理性屬性。不考慮視覺透視。例如，畫人的側臉卻把兩隻眼睛全畫出來。因為兒童的理智告訴他，人有兩隻眼睛。畫騎馬騎士的側面圖，卻把另外一條腿也畫出來了。皮亞傑認為，這種繪畫的特點是「透明性」。第五，「視覺性的現實主義」。它有兩個特點：(1) 繪畫僅僅揭示從一個特定的透視方面看到的東西。例如，畫側臉僅畫出一隻眼，因為從側面只能看到一隻眼睛。不僅如此，背景物和對象相比，背景物變小，畫出的身體也更合比例。(2) 繪畫中的物體排列是按照全面設計，並且按照幾何學比例繪製的。它在視覺上具有更逼真的效果。繪畫的發展階

段為心理表象研究提供了可貴的啓示，它一方面證明，心理表象的研究更接近概念化定律。另一方面表明，兒童繪畫的發展階段，與兒童的幾何學發展和空間發展有更顯著的共性。初期繪畫主要是同化作用，而後期更接近於模仿的順應作用。「事實上，它有時成爲模仿的順應作用的一種準備，有時卻又成爲模仿的順應作用的一種產物。繪畫表象和內在表象這兩者都直接來源於模仿，因此，這兩種現象之間存在著無數的相互影響。」⑥

心理表象

　　皮亞傑指出：「心理表象似乎出現較晚，因爲它們是一種內化了的模仿的結果。」⑥ 表象大約在２歲左右出現，它是與概念無關，與具體事物及本人過去的全部知覺經驗有關的信號系統。實驗表明，最早出現的表象是簡單複寫表象，它是一種簡單的物體模仿，如通過繪畫臨摹某形象和場面，或者模仿剛剛看到的某姿勢。若是說複寫表象不是表象，它畢竟再現了某個場景或形象，它實際上具有表象的特徵。但是，皮亞傑所說的心理表象，乃是一種內化了的模仿，不是物體或事件的副本。如果從概念化和簡單的知覺相比較，可以看出，模擬原型的實施方法更接近概念化的規律，所以可以斷定，複寫表象是表象的一種，雖然它很直觀、很外在。繼而出現的是再生表象。它指再生先前知覺過的場景。它包括靜態、動態和變形三個方面。皮亞傑認爲，對心理表象研究相當困難，因爲它是內在的東西，必須借助間接的方法。皮亞傑利用兒童繪畫，讓兒童選擇已經準備好的圖畫，用姿勢示意，進行口頭陳述等，結果表明，「兒童在前運算水平的心

---

⑥　同⑭，頁50。
⑥　同⑭，頁54。

理表象幾乎是靜態的。」他只能再現靜態的畫面，不能再現他所觀察到的運動或者變型。運動和變型表象只有到了具體運算階段才有可能完成。關於表象，我們在後面的章節裡還要詳細探討，這裡我們只涉及與信號性功能有關的部分。在過渡期，眞正發揮信號性功能作用的表象是複寫表象和再生表象中靜態方面。

語　言

　　語言與信號功能的其他形式幾乎同時出現。語言是一種社會化的信號。兒童大約在 1 歲左右出現了早期語言，但是由於當時其他信號性功能尚未出現，所以語言最早的功能與指示物相近，換句話說，語言還不具有社會意義。皮亞傑認爲，語言作爲社會化的信號功能，必須以個人的信號性功能的發展爲前提。語言的出現能夠增強思維的廣度和速度，衆所周知，用語言描述一個過程遠比過程本身的發展更迅速，而且更有整體感。語言思維比感知運動思維更接近概念化：「(1)語言模式通過敍述和回憶能很迅速地描述一連串的動作，而感知運動模式則必須緊跟事物，不得逾越動作的速度。(2) 感知運動的適應局限於空間和時間，而語言則能超越這範圍，使思維擴展到廣闊的時間和空間。(3) 第三個差異是以上兩者所引出的結果。感知運動智慧是以連續的動作一步一步地進行，而思維特別是通過語言，則能同時表達一個有組織的結構的所有因素。」[69]語言的最大功能是把信號性功能社會化，並且通過社會化的作用，使信號性功能整體化，使其與動作分離，成爲一個獨立的中介體系。這個體系的獨立化，是動作思維向概念思維發展的重要步驟之一。

---

[69] 同[64]，頁66。

三、從動作向思維過渡的條件──語言社會化

兒童出生在社會裡並不意味著他有社會化的思維。從思維的發展來看，「思想可不可以溝通這個事實，不是外加於思想的一個特徵，而是推理的形式與結構中一個非常重要的組成部分。」[70] 思想的溝通問題之所以成爲推理形式與結構的重要組成部分，乃是因爲只有可以溝通的思維，才有可能成爲社會化的思維、概念的思維，無法溝通的思維只是個人的思維，或者叫做「自我中心的思維」。從動作思維向概念思維的過渡，實際上就是由我向思維向社會化思維的過渡。這種過渡的重要條件就是語言的社會化。語言在概念思維中的地位無論做多高的估計都不爲過分。「因爲邏輯和語言顯然是相互依賴的。」[71]

在 2～8 歲的過渡期，是兒童語言發展最關鍵的時期，皮亞傑認爲，這一時期兒童的語言可以分爲兩大類，或者依次出現的兩種類型。一種是自我中心的語言，一種是社會化的語言。7 歲以前的語言基本上是自我中心的，7 歲以後的語言逐漸出現了社會化的語言。

自我中心的語言是「他並不要知道他是在對誰說話，也並不在乎對方是否在聽他說話。他或是對自己說話，或是由於和一些偶然在他身邊的人共同活動感到愉快而說話。任何偶然在他身邊的人都將被當作是他的聽者」[72]。兒童這樣說話只是出於個人興趣，

---

[70] 皮亞傑：《兒童的語言與思維》，文化教育出版社，1980 年，頁 66。

[71] 同[70]，頁23。

[72] 同[70]，頁26。

他並不想影響他的聽者，也不想告訴他什麼東西。說話具有明顯的自慰、自娛性質。

自我中心的語言可以分為三個範疇：

(一)重複（無意義字詞的重複）：皮亞傑表明，他僅僅想探討字詞與音節的重複。兒童為了娛樂而重複一些字詞和音節，這時，他不是想和任何人說話，甚至當他講一些有意義的字詞時也是如此，因而沒有社交性質。兒童為什麼會出現無意義字詞的重複呢？皮亞傑認為，這是模仿的機能。兒童咿呀學語是從模仿他人開始。他喜歡不厭其煩地重複他所聽到的字詞，模仿各種音節和聲音。甚至重複模仿那些他不知其意的東西。從行為的觀點來看，重複模仿是一種觀念動作的適應作用，兒童就是借助於這種適應作用，去再現和模擬他周圍人們的動作和語言。從人格與社會的觀點來看，語言的重複模仿是自我與非我的混淆。過渡時期是兒童最富於模仿的時期，他執著地模仿他感興趣的一切，甚至把自己和模型等同起來。這種重複模仿並不是一種社會態度，兒童並不想使自己適應他人。由於自我和他人混淆不清，兒童不知道他是在模仿別人，也不知道模仿的性質，他把語言的重複模仿當作一種有趣的遊戲。重複模仿完全是不自覺的。皮亞傑最後斷言，過渡時期早期，兒童的「許多話都是純粹的重複、無意義重複性質的。這種無意義重複所發生的作用只是一種遊戲作用；兒童只是為講話而重複這些話，只是由於他重複這些話而感到愉快，這裡他沒有對外界的適應，沒有一個聽眾」[73]。重複講一句話，只是因為他使用這些詞感到愉快，只是為了玩弄這些詞，就

---

[73]　同[70]，頁30。

像他玩弄奶嘴一樣，而不是爲了交談。由此可見，初期語言是一種延長的玩具，語言的重複具有極大的遊戲成分。

（二）獨白：也就是我們所說的自言自語，是自我中心語言的又一種表現形式。兒童對他自己說話，似乎他在大聲思考。皮亞傑指出，精神分析學派曾經告訴我們，字詞和行動的聯繫十分緊密。字詞和具體的意義密切相聯，因而只要說出這些字詞而不涉及有關的行動，這些字詞就能被視爲引起有關行動的因素。根據字詞與動作的密切關係，可以把獨白分爲兩類。第一，兒童在行動時，即使是單獨行動時，都要說話，他的動作伴隨著喊叫和嘮叨。動作過程中的獨白，實際上是兒童用語言表述自己所要做的動作。「他講話的唯一目的，時常只是表明他的行動節奏，一點也沒有顯示他在這個過程中的自滿心情。」❼第二，這種獨白是獨白遊戲。兒童用說話的方式思考他的行動，之後在隨意的幻想和語言的刺激下，對周圍的世界，對生物、非生物，乃至對自己發出命令。因此，獨白在這裡有刺激幻想的作用。可以說在這兩種形式的獨白中，字詞不具有社交機能，這是獨白範疇的一般特徵。這時，言語並不能溝通人們的思想，只是用來伴隨、加強、補充，乃至完成他的行動。從某種意義上說，獨白來源於兒童與別人發生關係時習得的一種字詞上的回響。但是，我們必須明白，兒童在獨白時，經常把自己的觀點與他人的觀點混淆起來，一方面，他不知道他在重複別人的語言，另一方面，他對別人說話，同時也對自己說話，他說話是爲了發布命令，也是爲了從重複或嘮叨中再現過去的事態，並從中獲得快感。

---

❼ 同⓱，頁31。

(三)雙人或集體獨白：兒童聚在一起時經常發生交談，但是，他們的談話與其說是交談不如說是集體獨白。這種形式的獨白並未使聽者聽他講話，因爲他並未眞正對聽者講話。他在別人面前大聲對自己講話，聚集在一起的兒童，每個人都在大聲自語。集體獨白的特點是兒童在獨白時，有一個甚至若干個局外人在場，這些人與兒童當時的行動和思想有一定的關係，但是，兒童既不要求他參與談話，也不要求他懂得這種談話。他從不注意局外人的觀點，他們的出現，僅僅起一種刺激作用。需要指出的是，集體獨白具有一定的社會性。因爲他除了由說話引起的愉快以外，還有在別人面前說話引起的愉快，同時，也有使別人對自己的行動和思想發生興趣引起的愉快。力圖引起他人的興趣，至少表現了兒童與他人交往的傾向。

到了過渡後期，也就是 7～8 歲左右，兒童終於形成了社會化的語言。皮亞傑認爲，這種語言不是從兒童自我中心的語言過渡而來，而是主體和客體雙重建構的衍生物。

社會化語言就是有理解、有溝通、有交流的語言，它有幾種形式。

(一)適應性告知：適應性告知不是一種獨白。在適應性告知中，語言的社會功能顯現出來。兒童利用語言促使別人聽他講話，把某事告訴對方，並且設法影響對方。這時的兒童是站在聽者的立場講話，他表達自己的想法，同時想使對方明白自己的意圖。這樣做的目的，是想利用敍述乃至辯論和對方交流思想。如果這時的聽者不是一個僅有重複或獨白能力的人，而且此人也有意了解說話人所說的事情、經歷或思想，雙方的交流就成功了。這時，「語言的功能不再僅僅是刺激說話者的行動，而是實際上

把他的思想傳遞給別人。」⑮

　　適應性告知有幾個特點：第一，語言形式僅僅是一種簡單的告知。目的是想把某事情告知聽者。第二，適應性告知必須適應於他的聽者，如果聽者了解說話者的意圖，並與之交談，就出現了適應性對話。第三，雙方沒有解釋性質的談話，沒有找出原因的解釋，即沒有「因為……」的語句去回答「為什麼」。兒童認為，把自己知道的告訴對方就是解釋。

　　(二)批評與嘲笑：皮亞傑認為，這類語言的理性方面與告知和對話屬於同一類，因為他本質是想利用語言否定對方。也可以隸屬於非理性方面。這時語言的機能不是傳遞思想，而是滿足於非理性的本能，如好鬥、驕傲、競爭等。即使如此，他依然與適應性告知有共同之點。「他們都是對某一特定的人說話，企圖影響他，引起競爭、反駁乃至吵架。」⑯與適應性告知不同的是他具有非理性的一面，是自我中心的一種強烈宣洩，他想否定對方，肯定自己優越。此外，命令、請求、威脅等語言中，兒童彼此也明確地相互交流。

　　(三)提問與回答：兒童提問大多數都要求別人答覆，而聽懂別人的問題以後，講一些對應的句子，這就是回答。回答顯然屬於社會性語言。兒童交談的社會化程度究竟有多大？皮亞傑認為，過渡後期的兒童所問的「為什麼」？大多數屬於「解釋性質的為什麼」，即「什麼理由」或「什麼目的」。而答覆，則是再一次陳述事實或描述性質，很少涉及因果關係。當一個兒童向另一個兒童提出問題，首先與實際的心理活動、行動和意向有關。此

---

⑮　同⑩，頁35。
⑯　同⑩，頁43。

外，當問題涉及物體而不涉及人物時，他們和事實有關，與因果
關係無關。這證明，6、7歲兒童的智力活動，依舊屬於個人方
面，兒童之間交換思想的情況很有限。然而，這一時期兒童畢竟
出現了交流。雖然交流是初步的，但是他已經突破了自我封閉的
狀態，真正的社會化交流出現在即，所謂冬天過去了，春天還會
太遠嗎？

　　總之，語言的出現使概念運算的出現呈水到渠成之勢。當概
念思維的基礎和手段都具備時，語言的出現不啻使概念思維成為
可能。

參 · 具體運算和形式運算

　　什麼是「運算」？皮亞傑指出，從心理學來講，「運算首先是
一種動作(把個體或數量單位聯合起來或進行換位的動作)。」「它
能應用於許多不同的現實，有邏輯的運算，為類概念和關係系統
奠定了基礎；有算術的運算(加法、乘法等等以及它們的倒轉)；
有幾何學的運算（剖面、換位等等）；有時間性的運算（事件的
系列性，如事件的連續順序以及它們之間所夾入的間距）；還有
機械的運算、物理的運算等等。」**⑰** 從這一大段的敍述我們可以
看出，皮亞傑所說的運算不是日常意義上的計算，而是指思維活
動過程。它的範圍十分廣泛，幾乎涵蓋了所有的思維。

　　皮亞傑認為，運算有四個顯著的特徵：(1)運算是內化的動
作，由此可以斷言，運算與感知運動水平具有明顯的連續性。

---

⑰　《兒童的心理發展》，頁71。

(2) 運算是可逆的，結合的逆向性是分離，加法的逆運算是減法。(3) 運算不是孤立的，能夠協調成為一個整體（例如一個類別、數系等）。(4)運算不是某個人特有的，它具有普遍必然性。不僅如此，運算「參與到每個人自己的推理和認識交流中，因為認知的交流需要把信息進行總匯，處理這個信息同其他信息的關係以及引進相反的信息等」⑱。進入運算水平，認識就獲得了普遍必然性。皮亞傑認為，運算水平的發展，也經歷了從具體到抽象的過程，因此，從感知運動階段到漫長的時期之後，認識最先進入了「具體運算階段」。

一、具體運算 (concrete operation)

具體運算就是具體思維。它的特點是與具體事物相聯繫，與命題運算中採用詞語進行假設的方式不同⑲。在具體運算階段，動作已經內化為思維，但是，兒童的思維依然與具體的動作的過程相關。兒童能夠理解從住宅到學校的距離等於從學校到住宅的距離，卻不能進行 AB＝BA 的假設。

從感知運動向具體思維過渡是一個複雜的過程，除了我們在貳所敘述的那些必要條件之外，還需要在圖式或組織結構方面獲得三個相互聯繫的方面。「第一方面是使高級結構從低級結構中產生出來的反身抽象 (reflective abstraction)。」例如，對實物的兩個一對、三個一組和順序排列進行反身抽象，形成具體運算中的序列化。對永久客體和位移群進行反身抽象，形成具體運算結構的守恆特性等。第二個方面是協調 (coordination)。

---

⑱ 《兒童心理學》，頁73。
⑲ 同⑱，頁75。

所謂協調乃是系統整體的協調，透過協調把分散的順序和局部的
聯合聯結起來，以產生閉合的系統。第三方面是協調過程特有的
自動調節。自動調節可以使協調過程的局部因素、正反順序達到
平衡。這三個方面的聯繫，構成了具體運算結構的三個主要方
面。反身抽象產生了分類和序列關係；協調把這兩種關係聯合為
一個整體系統，這個系統是組合系統，或稱「群」結構。自動調
節或平衡，形成了組合系統轉換的可逆性和守恆。這三個主要方
面也就是具體運算結構的主幹。

圖式的可逆性 (reversibility) 和守恆 (conservation)。

可逆性變換和守恆是運算結構的本質。認識過程具有無窮的
變化，感知運動階段的變化是單向的，不可逆的，因而圖式是一
種剛性結構。在具體運算階段，隨著概念思維的出現，結構的性
質發生了巨大變化。「每個變化都是可逆的。因此，被組合在一
起的兩類或兩關係可以再度分開，而且在數學思維中，一個群最
初的每個運算，都蘊涵著一種逆運算（減對加，除對乘等）。這
一可逆性無疑最清晰地規定了智力的特徵。」[80] 因為智力能夠建
構前提，也能拋棄他們，返回原點。意識能順著一條路行駛，也
能原路返回。可逆性不僅是一種平衡狀態，也是一種發展過程。
B在A和C之間，也在C和A之間，ABC 可變為 CBA。因此，
ABC 倒過來就是 CBA；兩種逆轉都回到最初的秩序，並且沒
有打破平衡。根據以上描述，我們可以把「可逆性定義為返回
（這裡所說的）起點的永久可能性」[81]。從結構的觀點來看，它

---

[80] *The Psychology of Intelligence.* p.40～41.

[81] Piaget: *The Growth of Logical Thinking from Childhood to Adolescence.* The United States of America, 1958, p.272.

表現爲兩種不同的互補形式。第一，它憑藉逆向或否定取消已經
完成的運算，從而返回起點。在這種情況下，正運算和逆運算的
積是零或者恆等運算，如＋Ａ與－Ａ互爲逆向。第二，它憑藉對差
進行補償（邏輯意義上的差），卽憑藉互反返回起點。如Ａ⊂Ｂ
與Ｂ⊂Ａ互反。在這種情況下，兩種互補的運算不是零運算，而
是同價運算。逆向和互反是最基本的行爲和最高度組織化運算的
必要的平衡條件。因此，在所有的發展階段上，都能發現它們在
形式上的條件。

　　但是，可逆性並非指在同一時間內，改變所有的元素，如果
是這樣，它就成爲不可逆的了。「因此，一個運算的變換，經常
使整個體系中的某些特點保持不變。在一個變換體系中恆定不變
量到目前爲止就是我們經常所說的守恆圖式；例如，永久客體的
圖式是實際『位移群』的恆常特徵，因爲一個『位移』並不改變
被移動物體的性質。由此可見，守恆概念可作爲一個運算結構是
否完成的心理指標。」[82] 皮亞傑進行了一系列實驗，結果表明，
７、８歲以前的兒童（具體運算以前），並沒有守恆概念。液體
守恆概念清楚地體現了這一點。給玻璃杯Ａ注入一定的液體，再
準備窄而高的玻璃杯Ｂ和寬而矮的玻璃杯Ｃ。然後，把Ａ的水注
入Ｂ，再由Ｂ注入Ｃ中。７、８歲以前的兒童認爲，液體容量有
所增減。皮亞傑指出，他們的判斷的兩個值得注意的特點：第
一，他們似乎只考慮物體的靜止狀態，忽視了它們的變換；卽，
只看到了Ｂ杯中的水高於Ａ杯，沒有考慮這只是同樣多的水從容
器Ａ傾入容器Ｂ中。第二，他們看到了這種變化，但是，他們並

[82] 《兒童心理學》，頁73。

不認為這種變化只是從一種狀態變為另一種狀態的可逆性運動，沒有看到形狀雖然有所變化，水的容量依然如故。具體運算水平的兒童則認為，無論注入哪個杯，水是等量的。更重要的是，有的兒童說，這個杯水平面長高了，但是容器窄，所以水是等量的。皮亞傑認為，這種判斷實際上是「由互反關係產生的補償或可逆性，也稱為可逆性的補償關係……」，由此說明它們在補償變差中的變化，也可以說明可逆性中含有守恆概念。液體守恆實驗表明，守恆的前提是，運算的一部分因素是變動的，另一部分因素是恆定的，只有這樣，才能出現守恆。若是所有的因素都不變，就是靜止狀態，不存在所謂守恆問題，若是所有的因素都變化了，也不存在守恆。變動中的守恆包含了可逆性的補償關係。

守恆與傳遞性和結構的閉合性也密切相關。傳遞性即是指如果A＝B、B＝C，則A＝C。傳遞性只有在閉合性結構中才有可能。這是因為，傳遞性之所以能夠作為系統的一種規律，是因為有一個閉合系統，每個元素在這個系統中的位置，都是由系統形成過程中的某些方法決定了的。仍以A＝B、B＝C，則A＝C為例。如果兒童由前兩個等式預見到A＝C，這是因為從A到C某種特性始終不變，兒童由傳遞性說明了守恆。而守恆的主要論據「全部表示著一個自我閉合結構所特有的組成性，自我閉合結構是這麼一種結構，它的內在轉換既不超越這一系統的極限，而內在轉換的發生，也不要求任何外部元素的出現」[83]。A＝B、B＝C，所以A＝C的傳遞有三個論據：第一，兒童說一個集合體從A狀態變為B狀態數量不變，因為東西還是原來的東西，這

---

[83]　《發生認識論原理》，頁41。

是個內部轉換問題。第二，從A到C守恆的理由是C可以回到B，B可以回到A。這同樣表明了系統的閉合性。第三，兒童說，容器的長度和寬度互補，兩個變化中的一個補償了另一個。這說明，「兒童是從一個有系統而且自身閉合的整體來進行思維的。他並不進行量度以估計所發生的變化，他只是先驗地以一種純粹演繹的方式對變化的補償作用作出判斷，這暗含著整個系統不變性這一初步假設。」[84] 由此可見，具體運算圖式一環扣一環：可逆性使守恆成為可能，守恆與傳遞性和系統閉合性相關。這些不可分割的關係，使具體的邏輯運算得以運行。

群集（grouping）範疇

如果說可逆性和守恆圖式是具體運算結構的特色圖式，群集結構則是具體運算結構的首要圖式。

群集結構由數開始。

對於數學問題的探討是皮亞傑發生學的一個重要組成部分。在數的起源與發展等一系列問題上，皮亞傑的研究引起了科學界和哲學界的關注。對數的研究基本上集中於《兒童的數概念》、《兒童對現實的建構》，也散見於其他著作。

常識告訴人們，幼童很小就會口頭計數。不過，這時的計數與兒童的初期語言一樣，具有很大程度的模仿和遊戲性質，還不能說他已經懂得了數。在後來的發展中，數的計量與具體的位移和空間排列聯繫在一起。在整體上獲得守恆圖式之前，兒童不能很好地解決等量問題。在具體運算水平，兒童開始從嚴格意義上認識數量。皮亞傑指出，根據集論（set theory）以及邏輯學家

---

[84] 同[83]，頁84。

弗雷格 (Freg)、懷特海（Whitehead）和羅素 (Russell) 的主張，可以這樣假設：數量的發生是從兩個類和兩組中一個項目對另一個項目開始，即兩組的成分若能一一對應，兩組的數量相等。但是，這裡有兩種對應，第一，成分相似的有限制對應（例如，一個鼻子對另一個鼻子，一個前額對另一個前額）。第二，任意的「一對一」對應。第二種形式的對應才能引出數量。

皮亞傑認為，數量範疇的形成，最重要的是一一對應問題。把兩個數量相比較，實際上不是對他們的維度就是對元素間的一一對應做比較。後者對於整個數的建構尤為重要。因為它為兩集的等價提供了最簡單、最直接的度量。

一一對應的出現是個頗有意思的過程。給 3 ～ 4 歲（前運算早期）的兒童看十二只玻璃杯，六隻瓶子，前者放得密集，後者放得稀疏。二個系列的頭尾正好平行。然後問被試，它們一樣多嗎？回答是：它們一樣多。同樣多的玻璃杯和瓶子，同樣是一密一疏，回答卻是它們不一樣多。讓 5 ～ 7 歲的孩子看六個玻璃杯和瓶子，也是一疏一密，孩子的回答依然是疏者多，密者少。另一方面，讓他們逐一數過之後，他們才回答說，「都是六個。」然而他們依然認為稀疏者多！皮亞傑認為，這樣的回答表明，兒童只認識到對應，不知道對應集的持續等量關係。嚴格地說，這不能算作真正的對應。7 歲以後的兒童遇到上述問題都能做出正確的回答[85]。這說明兒童已經能夠透過一一對應關係確定集的等量關係，無需考慮它們的排列方式。皮亞傑認為，這一變化說明隨著對應關係和集的等價概念的確定，數逐漸擺脫了空間和知覺表

----

[85]　實驗內容可參見Piaget: *The Child's Conception of Number*, London, 1969, p.41～56.

象特性，成爲抽象的、無特定對象的東西。從數量關係來看，一個瓶子等於一個杯子，也等於任何一物。因爲它們都是 1 。數量一旦建立，集就可以按照包含（⊂）進行分類，$1 \subset (1+1) \subset (1+1+1)$，這個系列之所以稱之爲包含，乃是因爲 1 被包含於$(1+1)$中，$(1+1)$又被包含於$(1+1+1)$中。集又是序列的（→），卽，當你分別說出包含，不把包含中的同一數重複計算兩次時，唯一的方法就是把它們在空間和時間上的序列表現羅列出來，先說一個，再說第二個、第三個，用式子表達就是$1 \to 1 \to 1$等。「由此可見，數量的形成與……序列和……分類的形成有密切的關係，而數量不過是一種最初的和新的綜合。」[86]

邏輯序列構成群集結構，累進的群集結構包括各種運算組合。它可以是正運算，例如，類 A 和它的補類 A' 組成總類 B ，卽$A + A' = B$。可以是逆運算，從加法形成的總類中減去一類，$A = B - A'$，這兩類運算是逆向的。也可以是兩類相乘 $A_1 \times A_2 = A_1 A_2$，或者從相乘形成的整體中取出一類構成 $A_1 A_2$：$A_2 = A_1$，它是乘法的逆向。它可以是恆等的：$+A - A = 0$，或者可以是重複性的：$A + A = A$等等。

上述形式都是以逆向性形式表現了群集的可逆性，群集也可以表現爲互反形式 $B = A$ 相等。把條件略變一下，如果$A \subset B$爲眞，它的互反$B \subset A$爲假；但是，若是它們都爲眞$A \supseteq B$，它們就能被歸結爲$A = B - i.e.$這一等式。$A \subset B$表達了 A 、 B 兩項之間的差異；如果消除了差異，或者讓它們以對立的方式表示，卽$B \supset A$，你就會再次遇到等式$A = B$或$A = A$這兩個項本

---

[86] 《兒童心理學》，頁79。

身就未被消掉。所以，這樣的體系就不能用逆向可逆性來操作。因爲逆向不應包括這樣的關係。群集結構可以利用如下圖式表示逆向或互反性:

序列 (seriations)。「指按照大小的遞增或遞減對各個成分進行排列。」[87]這種認識來源於依次排列的動作。把十根長度差別很小的木籤按長短依次排列，兒童必須把長度加以比較。兒童根據經驗不斷摸索，一次又一次重新排列次序，直到確認它正確爲止。經摸索兒童形成了一個結構和與結構相應的系統方法。他首先找一根最短的，然後再找最短的，依次類推。皮亞傑認爲這裡運用了運算方法。因爲兒童之所以能夠成功地排列順序，是因爲他知道E⊃D、C、B、A，同時E⊂F、G等。這個形式恰恰形成一種演繹合成形式: 傳遞性如A⊂B、B⊂C、則可傳遞爲A⊂C。獲得了序列運算之後，兒童可較爲容易地獲得序列的一一對應和二維序列 (例如，在二因素分類表中，根據樹葉形狀大小和顏色深淺進行排列)。因爲運算機理與一般序列一致，因此，我們在這裡不再贅述。

分類 (classfications) 是另一種基本的「群集」。把一組物體出示給兒童，要他把相同的物體放在一起。分類可追溯到前運算期。最早出現的分類從圖形的集合開始。也就是說，他們不僅按照物體的異同將物體分類，而且在空間上把物體排列成幾行、幾個方形或圖形等。因爲分類的集合，在空間上形成一個圖形。隨之出現的是「非圖形集合」。卽把一組物體按照成分分爲幾個組，各組並無任何特殊的空間形式，小組本身還可以分爲更小

⑱　The Growth of Logical Thinking Fron Childhood to Ado-
lescence, p.271.

⑲　同⑱，p.273.

[87]　同[86]，頁76。

的小組。最後，出現了眞正的分類。例如，B組爲一集。B集有 12朵花，其中有幾個子集，A_1 爲B集中的子集，它有6朵櫻草花，要兒童指出B的花朵數和 A_1 的櫻草花朵數，並斷定其多少。處在前一階段的兒童能夠分別指出 B 和 A_1 的花朵數，但是，要問B和 A_1 誰的花朵多，他們則認爲B＝A_1。他們在考慮子集 A_1 時，整體B不是作爲一個集存在，而是被看成了一個子集。具體運算階段的兒童，則有明確的集和子集界限，所以他們能夠做出 $A_1 \subset B$ 的回答。

基本的群集結構在具體運算階段把結構整合起來，形成了一種新的平衡，使主體爲最終擺脫動作的束縛，進入眞正的概念思維奠定了基礎。不過群集作爲具體運算結構，依然有不可避免的局限性:

(一)「群集是包括一類或多類內含或關係在內的體系,但是,它們並不包括許多被給予的要素，它是 N-by-N 聯結起來的組合系統。因此，它們並未達到包括組合系統在內的（結構化整體）、高度發達的點陣結構水平; 而勿寧說，它們仍然處於半點陣狀態。」[88]

(二)「可逆性機制或者由逆向性組成（分類），或者由互反組成（關係。皮亞傑有時把關係稱爲序列關係，作者注），但是，二者不能被整合到一個體系中。因此，它們並不是逆向性和互反性恰好重合的群結構，因而它們還是不完善的群。」[89] 群集之所以有如上局限性，乃是因爲它們還是「具體」運算，還與直接客

---

[88] *The Growth of Logical Thinking from Childhood to Adolescence*, p.275.

[89] 同[88], p.275.

體相關。群集問題實質上還是與主體直接作用於客體的問題相關，所不同的是這些活動被賦予了群集的運算結構。此外，具體運算的組成是一步一步進行的。人們從中依然可以分辨出動作思維的痕跡。這些局限性只有到了形式水平才能克服。

空　　間 (space)

　　皮亞傑曾經詳細闡述了感知運動階段空間的起源，並斷言，在感知運動階段結束之際，兒童形成了動作水平上最原始的表象群空間。從過渡期開始，動作逐步內化，形成三類空間結構：拓樸學空間結構、投影空間結構、歐幾里德空間結構。

　　皮亞傑認為，在幾何學發展史裡，最先出現的幾何學類型是希臘早期的歐幾里德幾何學，然後是投影幾何學，最後是拓樸學。隨著這三類幾何學出現了三類空間形式。然而，幾何學發展史與兒童空間概念發展順序相反的現象只是表面的，事實上，「當我們考察這三種類型幾何學的理論關係時，我們發現，最原始的類型是拓樸幾何，至於歐幾里德幾何和投影幾何兩者，都是從拓樸幾何推演出來的。換句話說，拓樸學是另外兩種幾何學的共同根源」⑨⓪。兒童空間結構的發生，與這三類空間結構的理論關係完全吻合。

　　在兒童空間概念發展史上，率先出現的是拓樸學空間 (Topological space)。在前運算期，具體地說是 3.5～7 歲，兒童能夠輕而易舉地從各種圖形中辨別出長方形、三角形、圓、鎖匙、鉛筆、球、不規則環、連在一起的圈等。但是，若是讓他們畫一個幾何圖形，或者正方形，或者三角形，其結果是所有的被

　　⑨⓪　《發生認識論》，商務印書館，1990年，頁21～22。

試都畫一個十字形，他們會畫一個開口的形象，兩根多少有點交叉或者搭在一起的線條或者弧形。「因而，一般說來，在這些圖畫裡，我們看到，兒童並沒在不同的歐幾里德形狀之間，保持住歐幾里德所做的區別，卻保持了拓樸學意義上的差別。封閉的圖形被畫成封閉的，開口的圖形被畫成開口的。」❶ 衆所周知，拓樸學所研究的是，圖形在連續變形下不變的性質。幾何學的伸縮扭曲，都是相當劇烈的變形，變形意味著幾何圖形的度量性質和投影性質消失。保存下來的是深深隱藏在變形背後的穩定的內在性質，這些性質就是拓樸學性質。從拓樸學來看，方形、三角形、圓形的確是相同的圖形，卽它們都是封閉的，而十字形和弧形也是相同的，都是開放形的。兒童把所有的封閉形幾何圖形均畫成封閉的圈，說明他們有拓樸直覺，能領會拓樸學關係。皮亞傑由此斷定，兒童最早出現的空間是拓樸學空間。

兒童爲什麼不能臨摹歐幾里德幾何學圖形呢？換句話說，最早出現的空間爲什麼是拓樸學空間呢？皮亞傑認爲，兒童臨摹幾何學圖形的內在機制，與感知運動圖式有關，在概念圖式形成之前，兒童憑藉各種動作把握對象。認識一個圖形，實質上「首先是把觸—動知覺轉變爲視知覺，然後再把觸覺素材和探究運動的結果組合起來，建構視覺表象」❷。在視覺中，直線、曲線、方形、圓形等，雖然有鮮明的特色，然而用手去觸摸，他就會把觸到的形狀的共同特點聯繫起來，而忽略其個性，這樣便出現了三角形、方形、圓形同爲封閉形圖形的結果。在接近具體運算時，

❶ 同❶，頁22。

❷ Piaget: *The Child's Conception of the Space*. London, 1956, p.19.

兒童雖然能夠在一定程度上畫出幾何學圖形，但是，總的來說，還是以拓撲學圖形結構爲主。不言而喻，皮亞傑在空間問題上所得出的結論是其建構理論的必然結果。

第二類空間是投影空間 (projective space)。

皮亞傑認爲，投影空間比拓撲學空間更爲複雜。只有主體不再孤立地看待客體或模式，而且從某個觀察點來考察它們時，才會出現投影空間。投影空間包含主體透視點的關係。所以，投影空間從一開始，就必須以主體與客體的內在協調爲基礎。而這些協調只有在具體運算階段才能出現。

皮亞傑在《兒童的空間概念》一書中，研究了直線投影、陰影投影、一般投影的協調等。由於各類投影研究均證明，只有在具體運算階段，才可以出現投影空間；由於各類投影研究，從不同的角度說明了兒童投影空間的一般特點；更重要的是，由於把直線變爲直線的直射變換，是最普遍的投影，皮亞傑對於直線投影的研究占了很大比重，而研究的內容涉及幾何學的具體內容，它雖然重要，但是與我們所要介紹的問題有一定的距離，所以我們介紹皮亞傑對直線投影空間的研究中與認識論有關的部分。

皮亞傑認爲，拓撲學的線觀念根本不包括直線。把普通的線變爲直線，需要觀察點體系，也需要觀察位移、距離和測量體系。實驗表明，兒童很早就辨別出直線，但是，劃出直線卻非常困難。皮亞傑對前運算期的兒童進行了三類研究。第一，讓兒童沿著桌面的一個邊把火柴擺成直線，兒童成功了。第二，讓兒童沿著桌邊畫一條直線，從圓桌的一方向另一方畫直徑，兒童也獲得了成功。第三，讓兒童看一條直線，然後讓他在一張紙上畫出一條直線，兒童未能成功。皮亞傑對結果做了如下分析。在第一種

情況下，兒童把火柴擺成直線，是因爲他亦步亦趨地追隨模型。
這是兒童憑藉形狀的視知覺與動覺的協調獲得的，是「在知覺指
導下的一種模仿」。在第二種情況下，依然是一種模仿，當然不
是直接模仿，而是延遲模仿和內化模仿。透過模仿畫出來的直
線，「只是先前發現的直線的副本，它與從記憶中獲得的直線或
方形沒有什麼區別。」⑬在第三種情況下，兒童的失敗是因爲在
這種情況下畫出一條直線「不僅僅是模仿過去和現在的知覺，而
是需要在現在的模式中（與探索的那些模式不同），建立新的聯
繫。這一成就或者需要以『瞄準』活動爲基礎的投影運算，或者
需要以位置變化爲基礎的歐幾里德運算」⑭。而前運算期的兒童
不具備這兩類運算圖式，所以他們沒有能力進行投影運算，當然
不可能做出直線。

　　兒童的投影空間如何建立的？首先，憑藉「sighting」（瞄
準）或「aiming」（瞄準）。瞄準運算不是一種單純的活動，而
是辨別、協調一切可能的觀察點的結果。兒童建立投影空間的起
點是知覺活動或模仿。以沿桌邊擺火柴直線爲例。雖然這個活動
主要是知覺活動和模仿，但是，沿桌面邊緣把火柴擺成直線，需
要檢查所做的直線與邊緣是否平行。這便在視線與桌邊和火柴線
之間，建立起若干個觀察點，這就是「瞄準」。起初，瞄準死死
地固定在桌子邊線等具體形狀上。「隨著這一過程的進行，逐步
擺脫周圍知覺形狀的影響，最終不依賴桌邊做出一條直線。」其
次，憑藉「perspective」（透視）。投影直線形成若干個觀察點，
觀察點的協調就是透視。觀察點協調的主要條件是主體與所要建

⑬　同⑫，p.163.
⑭　同⑫，p.163.

立的客體之間建立眞正的運算聯繫，它不需要像桌子邊一類的具
體形狀作爲模型。換句話說，不需要憑藉知覺和模仿，而需要憑
藉可逆性運算。我們在前面已經講過，具體運算階段的最主要特
徵是可逆和守恆圖式的建立。這個圖式使兒童有可能擺脫知覺和
模仿，通過可逆性運算完成透視。由此不難看出，投影空間出現
於具體運算階段。

　　最後出現的空間，或者說與投影空間相繼出現，但是最後完
成的空間是歐幾里德幾何空間 (Euclidean space)。

　　皮亞傑指出:「從數學建構和心理學發展的觀點來看，投影
和歐幾里德空間無疑是相互關聯的。」❾⑤它們雖然是獨立的，但
是都源出於拓樸學空間。皮亞傑用棱形實驗說明這三種空間的聯
繫。皮亞傑拿了一把雙柄分開的剪子，分別讓三組 4～5 歲、
5.5～7 歲、8 歲以上的兒童畫出所看到的情景。皮亞傑慢慢推
動剪子柄，讓它逐步合攏。讓兒童猜測最終的結果，並且把這
一過程畫出來。4～5 歲的兒童只畫了一個類似於橢圓形的不規
則圖形。無疑這是個拓樸學圖形。7 歲左右的孩子畫出了一連串
大小不等的棱形。從大小變化幾乎沒有什麼規律的棱形來看，兒
童有平行線意識，因爲無論棱形大小的變化多麼沒有規律，它還
是棱形，對邊平行線至少表現出兒童具有直線投影的能力。7
歲以上兒童的畫最能說明問題。他們畫出了一系列變化規則的棱
形，第一個是◇，然後依次變扁，最後一個是扁平的棱形。皮亞
傑認爲，具體運算階段的兒童描述了棱形在變化過程中的仿射形
轉變。這些轉變清楚地表明，兒童有圖形長和寬可逆性變化和補

─────────────

❾⑤　同❾②，p.301.

償性守恆的傾向，從最後一個圖形完全可以逐步返回到第一個圖形，同時也說明，正確建構幾何學圖形的歐幾里德空間初步形成。

皮亞傑透過棱形實驗表明，從數學來看，投影對應與拓樸學同源，它們都保持了直線的一些性質和某些數量關係（非和諧關係）。而歐幾里德幾何學關係則直接來源於拓樸學關係，歐幾里德幾何圖形，可以被視爲拓樸學圖形的特殊形式。從心理學來看，直線觀念和基本的投影關係，都是被併入觀察系統中的拓樸學觀念的成果。同樣，從拓樸學概念中也可以派生出距離和尺寸的歐幾里德概念。因此，「從數學和心理學來看，投影空間和歐幾里德空間，以兩種不同的方式從拓樸學空間派生出來。」❾❻不僅如此，投影空間和歐幾里德空間彼此也有密切的聯繫。在數學史上如此，在心理發展史上也是如此。

因果關係（causality）

皮亞傑認爲，感知運動階段的因果關係是「魔術性的現象主義」。它經歷了由動作到表象，由主觀到客觀的轉變。我們在第一節對此已有論述。感知運動以後的發展同感知運動相似。「前因果性的產生，是由於兒童把物理過程有系統地同化於自己動作的結果，這種同化作用往往導致類似魔術般的看法（例如，很多４～６歲的兒童認爲月亮追隨著他們，甚至認爲他們迫使月亮追隨他們）。但是，正如感知運動的前因果性爲客觀化和空間化的因果性開路一樣，觀念化的前因果性（它本質上是對動作的一種同化作用）在具體運算水平上同樣地逐漸轉變爲合理的因果性。

---

❾❻ 同❾❷，p.301.

在這轉變過程中，兒童的同化作用不再按照兒童自我的方向同化自己的動作，而是在運算中進行同化，達到各動作間的協調一致。」❼ 從觀念化的前因果性，逐漸轉變為合理的因果性發生於前運算階段（或過渡時期）到具體運算和形式運算的水平上。在這一發展過程中，兒童相繼出現了17類因果關係，皮亞傑在《兒童的物理因果概念》一書中對兒童期的各種因果關係進行了詳細而深入的研究，限於篇幅我們不可能把他的研究一一介紹給讀者，只能擇其要點述之。

第一類因果關係稱之為 motivation（動機因素）。它是心理學因果性，它既是原因，又是目的。例如，我們做了不應該做的事情，上帝就會用夢來警示我們。這種把夢與超自然的力量和日常行為聯繫進來的因果關係，實質上是特定文化氛圍中的心理因果性。這類因果性無疑是最原始的，也是持續時間最長的。最初，動機因素無所不在。在前因果關係中，心理動因往往被視為一切事物的真正原因。

第二類是純粹的 finalism（目的論）因果性。這類因果性在一定範圍內與前一類有部分重疊。不過它們將漸漸分離。當兒童說，河水漲了，因為它想流進湖裡。就是用目的解釋河水上漲的原因。其實，河並沒有意識，也沒有動力。這裡只有結局，兒童既沒有注意目的論的起源，也沒有注意它的後果。第一類因果關係是用人的意圖解釋因果性，如果經過發展去掉人的動機，就只剩下最後的目的了。所以它被稱之為目的論因果關係。

第三類因果關係是 phenomenistic causality（現象主義

---

❼ 《兒童心理學》，頁83～84。

因果性）。它的特點是在知覺上被給予的兩類事實，除了在時間上相近空間上相鄰以外，沒有任何聯繫。兒童卻認為它們有因果關係。引擎打火被認為是運動的原因，在此之前，兒童一直試圖找出火和引擎輪之間的中介。鵝卵石沉入水底因為它是白的。月亮掛在天上，因為它是黃色的、明亮的等等。這類因果關係無疑不依賴前兩種形式，因為它所說的聯繫是外部世界強加的。「但是，我們不能像休謨那樣，把現象主義因果性看作兒童因果性唯一的、最初的形式。因為現象主義因果性本質上是不穩定的；它一經確立，現象主義的聯繫就會轉變為泛靈論、萬物有靈論、魔術性等因果性。」❾因此，現象主義因果關係本質上是替代性的，它為物力論和其他形式的因果關係擴清了道路。

第四類 participation（參與）。這類因果性最初比前幾類出現的更頻繁，但是，到5～6歲就消失了。它的特點是，具有相似性或一般親和性的兩物，被視為有某種共性的東西，它們在一定距離內相互作用，或者說得明白一點，它們被視為發射物的源泉，最初的一切都從其中發射出來。因此房間裡的空氣和影子都從門外來。也就是說，一些事物被視為發射源，另一些事物被視為被發射物。

第五類 magical causality （魔術性因果性）。魔術性在許多方面都是參與：主體把他的姿勢、思想，或者他操作的客體都看作充滿功效。正是由於參與，他才能確定這一切以及他周圍的事物。因此，某詞對某物起作用，某姿勢使人避開危險，某類白沙將促使水百合生長，月亮走是因為它跟著「我」走，甚至認為

---

❾ Piaget: *The Child's Conception of Physical Caulity*. London, 1930, p.259～260.

「我」迫使月亮跟我走等。首先，參與和邏輯結構的狀況相關。其次，參與與魔術性因果關係的聯繫，遠比與心理因果關係更為密切。因為兒童不僅認為他的願望靈驗，而且一切實在論都以思維和姿勢的實在論，即，都以一般意義上的信號實在論為前提。

第六類 moral causality（道德因果性）。兒童憑藉純粹道德的必然性，解釋現成運動或特徵的存在。兒童認為，為了使夜晚降臨，雲朵必須前進，這樣人們就可以安然入睡了。船必須漂浮在水面上，否則它就沒有用處。道德因果性的特點是，賦予一切自然現象以某種道德必然性，它的模式是某種自然現象「只有……才是道德的」，「只有道德的才是因果的」。當然兒童並不知道他的因果關係觀念中有這樣的模式存在，但是，憑藉大量實驗可以斷定這一模式無疑是存在的。道德因果性與心理因果性或目的因果性頗有些淵源，與我們所說的動態參與形式也有關聯：外部客體參與我們的活動意圖，我們的願望迫使客體服從我們的純粹道德或心理學法則。

第七類 artificialist causality（人為的因果性）。心理學因果性或前因果性起初既不是純道德的，也不是純物理的。這種因果關係的特點是，利用某事件背後的意圖或動機通俗地解釋這一事件，但是，兒童並不問自己這一意圖本身在活動中如何運作。因為所有的性質——事物和意識只是生命，並沒有出現新問題。這二者一旦分化，人為的因果性與道德因果性及其補足性質會同時出現：把所解釋的事件或客體想像為人的創造活動的對象。這表明，由於這類新關係的出現，一切相似的因果性都能發展為人為的因果性或它們的補充形式。

第八類 animistic causality（萬物有靈論的因果關係）。

它的特點是憑藉有活力、有意識的內部生物學傾向解釋存在的特點或形式。太陽為什麼是這個樣子呢？因為人使它變成這個樣子。山在長，雲和天體運動等都是因為它們有活力。這是人為因果性的補充形式；只要事物擁有能夠指導方向和外部要素的內部運動，外部運動就會對事物產生影響。

第九類 dynamic causality（動力因果性）。它是前類因果性的延長。萬物有靈論一旦被消除，兒童就不再認為一切事物都是有生命的，轉而認為只有運動的客體是有活力的。因此，動力仍然與生命本身相混淆。就此而言，動力因果性只是萬物有靈論的特殊情況。

第十類 reaction of the surrounding medium（環境媒介的反饋）。「嚴格地說，這是兒童第一個真正的物理解釋。」❾❾前面的因果關係形式或者求助於動機和目的，或者求助於神祕的發射物，而環境媒介的反饋，第一次意味著需要確定現象的「如何」問題，即確定連續性和接觸問題，也就是用周圍介質的反作用說明因果關係。對環境媒介的反饋，最初仍然與萬物有靈論和動力因果性攜手並進。然而，周圍介質中的神祕動力作用一旦被消除，客觀地分析環境媒介引起的因果關係就成為可能。雲朵被兒童看作是自我運動的，運動一旦開始，雲朵就受它們所形成的空氣驅動。毫無疑問，對雲朵的解釋已經顯現出對客觀現象進行物理解釋的趨勢。後來，隨著因果關係的發展，環境媒介的反饋足以解釋純粹的機械運動。例如，拋物體運動被認為是由干預運動的空氣推動。空氣運動是拋物體的手，而不是什麼內在的神祕

的動力。

第十一類　mechanical causality（機械因果性）。它的特點是把因果關係解釋成爲運動接觸和傳遞：風推動雲，腳部運動推動自行車輪轉動等。這種因果關係形式出現於 7～8 歲之間。它是消除了動力主義的結果。兒童一開始把這些運動歸結於兩種力量的協作，一種是內部的力量（客體自己的力量），一種是外部的力量（物理力或者機械力）。後來兒童逐漸把內部運動看作多餘的，並且以外部的力解釋物體的運動，在這個意義上可以說，兒童對物體運動進行了機械運動的解釋。

第十二類　causality by generation（發生因果性）。對運動的解釋肯定比物體如何產生的問題更容易做出機械論的解釋。當兒童的運動觀點受機械論的支配時，他們依然運用人爲主義和萬物有靈論來解釋事物的起源問題。對這一起源做理性主義解釋最早是如何出現的呢？對於天體、雲朵等運動，兒童一旦放棄了這種觀點，卽人造成了它們的運動，他們便試圖把它看作是相互產生的。這類因果關係的解釋就是所謂發生的解釋。例如，兒童認爲太陽是個小活球，它來自火雲；雲本身來自蒸氣、大氣、火等。這實質上只是萬物有靈論觀點的延長，是物質變形的補充概念。這種變形觀念通常是由動態參與關係強加的：兒童感到，好久以前雨和雲之間有一些聯繫，知道一個來自另一個。他說，雲和雨相隨，從這時起，雨不再被認爲是人造成的，他想像雨來自雲。因此，運動和目的之間純粹的參與（不是人爲的參與），漸漸引起了發生觀念。

第十三類　substantial identification（物質識別）。當兒童認爲相互產生的物體不再像生物那樣，具有生長力時，就出現

了識別。例如，當兒童不再認爲太陽由一朵雲產生，而是由雲朵聚集後滾成一個球形成，這是一種進步。最初兒童認爲太陽由一朵雲產生，這其中有萬物有靈論的遺跡。太陽實際上被看作一個小生命，起初很小，後來慢慢長大。太陽的擬人色彩一旦被去掉，它在兒童心目中就成爲一個一般的物，由熔合產生，並且點燃了其他惰性物質。8～10歲的兒童常常用這種方式解釋因果關係。

第十四類 condensation and rarefaction（凝聚和稀薄）。兒童說太陽是雲朵滾成的球，石頭是泥沙形成的，但是他沒有充分的理由說明這一切。不過，他還是能把起源相似的物體區分開來。兒童認爲，太陽的質量取決於如下事實：雲朵已經完全飽合了。石頭的堅硬取決於這一事實：大地是密集的。因此，形成的物體具有不同程度的凝聚或稀薄性。「自然，兒童並不像前蘇格拉底的思想家那樣，把一切性質都歸結於凝聚的差異。但是，在9～10歲的兒童中，我們能夠看到他們普遍傾向於凝聚解釋。這極其清楚地表明了重量觀念的進化。」⑩幼兒認爲，物體的重量與大小成正比例，他們沒有特殊密度觀念。較大的兒童認爲水是輕的，因爲它稀薄，或者因爲它是流體。而木頭和石頭是重的，因爲它們既大且厚。總之，他們放棄了重量進化方面的錯誤。他們認爲，水是稀薄物，木頭和石頭是凝聚物。

第十五類 atomistic composition（原子論的構成）。這種因果關係又是前一類的擴展。如果兒童認爲最初的實體是凝聚或者稀薄的產物，就不可避免地得出如下結論：物體是由密集或者

---

⑩　同⑱，p.265.

鬆散聚集的微粒所組成。關於石頭，兒童會這樣看，大石頭由小石頭組成，小石頭由泥土的細粒組成……。這是典型的原子論，也是前一種因果論的自然產物。

第十六類 spacial explanation（空間解釋）。這種情況清楚地體現在錐形影的身上。在具體運算階段，兒童能用投影原則解釋錐形影。這與具體運算階段投影空間的形成有關。同樣，8～10歲的兒童，用體積解釋固體浸入水中，引起水平面升高的問題。這是更爲客觀的因果關係解釋。在兒童中並不經常有，但是它確實形成了。

最後，第十七類 explanation by logical deduction（邏輯演繹的解釋）。皮亞傑進行了相通容器實驗以此證明這種因果性的存在。把兩只相通的管子注入水，兩只管子中的水平面立卽持平。一些兒童說，這是因爲水同時進入一個或者兩個管子中。皮亞傑認爲，這種解釋的依據是充足理由律。一切機械的「空間的、原子論的解釋，早晚要求助於演繹」，這種因果解釋在10～11歲以後愈來愈頻繁。

皮亞傑描述的這些因果關係在感知運動階段以後出現，它們本身又可以分爲三期：第一期，2～4歲；第二期5～6歲；第三期，7～8歲以後。在第一期出現的因果關係，大體上是1～6類；第二期出現的因果關係是7～9類；第三期出現的因果關係是10～17類。第三期就是我們所說的具體運算階段。前兩期的因果關係1～9類，就是所謂前因果關係。它的特點是把一般的心理的或生物的聯繫與機械的聯繫相融合。只有到了7～8歲，才出現了眞正的因果關係。「這三個過程向我們表明了這一進化特徵：因果關係的去主觀化過程，時間系列的形成，以及因果關

係體系漸進的可逆性。」⑩這與感知運動階段所經歷的主觀化、客觀化、空間化的發展極為相似。第一期的因果關係最初充滿了主觀因素。幾乎很難描述動機因素和物理因素之間，肌肉和手的活動與機械活動之間，心靈對物體或物體對物體，乃至外部客體相互影響等有什麼區別。皮亞傑的兒童心理學研究表明，具體運算階段以前，對於自然現象沒有真正的物理因果解釋。從 7～8 歲開始，自我和宇宙分離，因果關係趨向客觀化，大約到了11～12歲，進化完成。第二期因果性構成了時間系列的因果性。例如，我在房間裡做某項運動之際，空氣透過關閉的窗子湧入我手中。我把字貼放在桌子上，樹影降臨，並且介入了我的手和桌面之間。這種因果關係解釋太過直接，顯然遺漏了這一現象「如何」發生的問題。因而羅織的事件之間的因果關係沒有什麼必然的聯繫。但是，它顯示出兒童注意到某些現象出現的時間順序，並且按照時間順序建立它們的因果關係。第三期因果關係的進化表現為漸次確立可逆性系列。如果考察 8～10 歲的兒童可以發現，他們對因果關係的解釋有可逆性的機制。當兒童把石頭解釋為由小土塊組成時，兒童也承認石頭可以分解為小土塊。兒童知道自行車腳蹬了如何引起輪子轉動之後，也就明白了輪子轉動也會引起腳蹬轉動。如果我們詳細考察因果關係，就會發現，一切因果關係的解釋都是可逆的。因為它可逆，所以它才是時間的、空間的、客觀的。

　　結論：具體運算階段最顯著的特點就是擁有可逆性和守恆。我們所說的運算圖式、空間結構、因果關係結構，以及我們未提

---

⑩ 同⑱，p.267.

及的方方面面，都顯示了這一特點。這就是皮亞傑所說的「機能
的統一性」。這種統一性把具體運算階段的每個環節結成爲一個
整體，使運算呈現出整體化、結構化的特點，認識才能進入更高
的水平 —— 形式運算階段。

二、形式運算 (formal operation)

　　形式運算在11~12歲開始形成。「在這個階段，運演（運算，
作者注）從其對時間的依賴性中解脫出來，也就是說從兒童活動
的前後心理關係中解脫出來……正是在這個階段，運演最後具有
了超時間性，這種特性是純邏輯數學關係所特有的。」[102]在形式
運算階段，認識已經超越具體事物，具有普遍性和必然性。形式
運算的主要特徵是 (1) 它們有能力處理假設，而不只是單純地處
理具體物。(2) 兒童進行運算時，所提出的假設是命題，而不是
客體，假設的內容是類、關係等。因此，具體運算是命題內的運
算，即是「對運算進行運算」，換句話說，是「二級運算」。二級
運算使形式從內容中解放出來，只要把任何因素隨意組合，就有
可能建立所需要的任何關係或分類。這種分類運算和次序關係運
算概括起來，發展成爲組合系統（排列組合等）。組合系統的最
簡單形式存在於實際的組合運算之中，也存在於各種分類的再分
類中。(3) 形式運算以一個組合系統爲基礎，通過加工製造出
「所有子集合的集合」，這些子集合的集合之間的相互轉變構成
三級運算。然而，組合系統的形成和二、三級運算的基礎依然是
兩種可逆性。

---

[102]　《發生認識論原理》，頁51。

　　兩種可逆性在具體運算階段產生，在形式運算階段獲得協調，並且成爲形式運算的基礎。

　　在具體運算階段，我們已經探討了兩種可逆性形式。皮亞傑指出，第一種可逆性 —— 逆向性或否定性起源於感知運動水平：兒童最早把某物置於面前，繼而又把它推開，這就是動作水平的逆向性。前運算階段兒童經歷了簡單的分類，把一個物體放入其他物體中，再把它取出來，這也「具有最初的運算以及運算的可逆性特徵」。這種消去某物的方法，就是「類的群集」的原形。在具體運算階段它表現爲＋A－A＝0。卽正運算和逆運算相結合，消去整個東西。第二種可逆性形式「起源於最初的對稱的行爲模式」。例如，空間對稱、知覺對稱、表象對稱、運動對稱等。在具體運算的「群集」水平，兩種可逆性形式支配著各自不同的範圍，「卽支配分類系統或關係系統。」但是，具體運算階段兒童還不能隨心所欲地支配一個整合系統，也不能從一組群集推論到另一組群集，從而組成逆向性和互反性的變換。也就是說，不能進行二、三級運算。只有發展爲組合系統才有可能彌補這一缺陷。這是皮亞傑圖式邏輯的必然結果。可以說在具體運算階段以前，沒有可逆性和守恆概念。具體運算階段出現了兩種可逆性和守恆。然而它們沒有獲得協調，所以可逆性的兩種形式單獨運作。由此形成了具體運算階段特有的局限性，只有在形式運算階段，兩種可逆性才獲得了協調，它的協調爲運算提供了無限的可能性。如果說可逆和守恆導致具體運算的形成，不言而喻，二者的協調，特別是形成一個協調系統，無疑使形式運算成爲可能。這再一次體現了協調乃至平衡在皮亞傑體系中的重大作用。把逆向性和互反性組合成一個單獨的系統需要一個過程，這個過程同

組合系統中出現的過程類似，而且不可分割。

　　形式與內容分割，兒童必須脫離過去步步爲營的群集運算，把逆向性和互反性結合起來。因此，形式運算階段組合系統的第一組合，就是兩種可逆性的組合。在這一關鍵性的組合之上，才能建立新的運算組合系統。在這一系統中，每一個運算既是另一個運算的逆向，又是第三個運算的互反，由此產生了四種變換形式，正向(I)、逆向 (N)、互反 (R) 和互反的逆向(C)。最後一種又是第一種的對偶。這四種變換形式的組合就是皮亞傑所說的「四轉換群」，它是形式運算的典型圖式。

　　INRC 群。四轉換群是數理邏輯結構。它採用兩種符號：命題符號和運算符號。命題用字母 P、Q、R、S、T……代表。運算符號用－(非、否定)；‧(與、結合)；∨ (或)；⊃ (如果……那麼)。運算符號代表命題之間的關係。

　　皮亞傑以蘊涵 P⊃Q 爲例，說明了四轉換群結構。他讓 12～15 歲的兒童分析他們並不熟悉的現象之間的聯繫。實驗表明，他們不是通過試誤，而是通過新命題運算來分析現象。讓兒童首先觀察物體運動的開始和停止，他注意到物體的停止與電燈泡發亮同時進行。他的第一個假設是：發亮是物體運動停止的原因，用 P⊃Q 表示，即發亮包含著停止。證實這一假設的唯一途徑是找出每當電燈發亮時，是否有物體不停止運動的情況，可用 P‧－Q 表示，它是 P⊃Q 的逆向或否定。他也可以懷疑燈泡發亮是由物體運動停止所引起，還是物體運動停止由電燈泡發亮引起，可用 Q⊃P 表示，這是 P⊃Q 的互反，不是逆向。爲了證實 Q⊃P，即停止包含發亮，他必須尋找相反的情況來否定這一假設，也就是說明物體停止運動後，是否有過電燈不發亮的情況？這情況是

－P‧Q，它是Q⊃P的逆向，也是 P⊃Q 的對偶。電燈每次發亮時物體停止運動，同物體有時因其他原因停止運動是不矛盾的。同樣，P‧－Q是P⊃Q的逆向，也是Q⊃P的對偶。若是物體每次停止運動，燈泡隨之發亮Q⊃P，那麼發亮時物體也不可能不停止。同樣Q⊃P是P⊃Q的互反，－P‧Q也是P‧－Q和互反。因此，P⊃Q的情況可以出現四種變換：

$$I = P⊃Q; \quad N = P‧－Q; \quad R = Q⊃P; \quad C = －P‧Q$$

但是，N＝RC，R＝NC，C＝NR，I＝NRC。

其中I爲恆等性變換，N爲逆向性變換，R爲互反性變換，C爲對偶性變換。I＝NRC，卽指N＝P‧－Q是C＝－P‧Q的互反(R)，而R＝Q⊃P是對偶－P‧Q的逆向(N)。I＝NRC是四個變換組成的群，可用「4－群」做標記，它是把逆向性和互反性相結合組成的單獨系統，從而使局部性結構達到綜合性的水平。「12～15歲的前青年期兒童儘管不知道任何邏輯公式，也不知道數學『群』的形成標準（例如，嬰兒發現感知運動的位移時，不知道它的定義），但是，能根據四種可能性使用各種變換。」[103]無論是物理運動、時間和空間，還是物理因果關係，都可以進行這些變換。因此，INRC 是最一般，也是最普遍的形式。在形式運算階段，還建立了一些其他圖式，如比例、雙參照體系、流體靜力學平衡、概率等形式。「但是，倘若只從兒童的角度著眼來觀察這些圖式，就難以發現它們結構上的類似性都淵源於『4－群』……。」但是，「經過分析，發現上述每種圖式

[103] 《兒童心理學》，頁105。

各包含一個組合系統（但很少只限於此），或包括一個屬於上述
4 — 群的四種變換系統。」⑩關於上述所說的種種圖式，我們就不
一一介紹了。

肆·結　論

本章行將結束時，筆者願意對行文中未能直接說明的幾個問
題做進一步的解釋:

(一)皮亞傑爲什麼提出認識發展階段理論?

皮亞傑的發生認識論常常被人稱爲「發展階段理論」。皮亞
傑描述了認識發展的四個階段，並以大量的實驗證明了這些階段
的存在。皮亞傑之所以這樣做，並不僅僅想描述認識的發展階
段，而是力圖向自萊布尼茲以來就一直想建立「純邏輯」的哲學
家證明，心理發展與純邏輯的建立沒有不可逾越的鴻溝。個體發
生學證明，二者之間有著必然的聯繫，在心理結構的基礎上，可
以建立起眞正的邏輯。而且純邏輯的建立，必然以心理發展過程
爲先導。

在二十世紀，一個哲學家公開承認心理學和邏輯學之間的密
切關係，需要有極大的勇氣，因爲二十世紀的哲學家「不喜歡任
何一種可能是根源於生物學或發生學的哲學化」。人們常用「心
理主義」和「發生學謬論」來稱謂把生物學、心理學與邏輯學聯
繫起來的研究方式。但是，有勇氣是一回事，能否說明在具有或
然性的心理學之上完全有可能建立具有普遍必然性的純邏輯則是

---

⑩ 同⑩。

另外一回事。正是爲了說明這種必然聯繫，皮亞傑提出了他的認識發展階段理論。無論這種理論是否有說服力，它畢竟是一種大膽可貴的嘗試。

（二）皮亞傑爲什麼如此重視感知運動階段？

皮亞傑屢屢說，任何一個階段都沒有特權，它們在認識的發展中同樣重要，因爲起點是可以無限往回延伸的。但是，只要認眞瀏覽皮亞傑畢生的著作就可清楚地看到，他的著作有一個明顯的特點，那就是皮亞傑探討感知運動階段的篇幅遠遠大於其他階段。這在早期和中後期的著作中尤爲明顯。這是爲什麼？客觀原因是皮亞傑步入了發生認識論研究領域之際，他的三個孩子相繼出世，這不啻爲皮亞傑對初級水平的研究提供了極大的便利。理論原因是，發生認識論研究認識的原始發生，而感知運動階段，則是原始發生中的原始發生。它直接說明了認識怎樣從無到有，它的圖式建構方式，同化、順應、平衡等機能動作的特點，主體建立客體的過程等，蘊涵著今後發展階段中主體和客體雙重建構的奧祕，闡明這個階段，就爲今後的認識階段探祕奠定了基礎。另外，按照皮亞傑的看法，認識的建構，就是不變機能和可變結構之間的相互作用，這是皮亞傑建構理論的主要法則。因此，他沒有必要在每一個水平上都喋喋不休地敍述這些不變的機能和可變的結構之間如何作用，如何整合等。這樣一來，就使得皮亞傑對感知運動階段以後諸階段的敍述簡化了許多。但是，讀者若要理解皮亞傑理論，務必要牢記他的這些法則。

（三）建構理論的最高成就是四轉換群「４－群」結構，我們是否可以斷定，皮亞傑的發生認識論僅僅是一種特殊的認識，即數學認識論？否！皮亞傑之所以把感知運動階段之後的階段都冠

以「運算」的稱號，並且把圖式的發展線索概括爲實用水平的動作群 —— 4－群，旨在於揭示思維的純邏輯形式如何產生。而最能代表邏輯之「純」的，莫過於數學和邏輯學相結合的系統。皮亞傑研究形式運算階段時表明， 4－群可適用於物體組合、比例、雙參照系、流體靜力學平衡、概率、彈性、鐘擺以及種種因果性，一句話，適用於一切領域。因此，最終獲得的「4－群」，是一個最普遍、最一般的邏輯形式。雖然兒童本人進行思維時，並不知道自己運用4－群，但是，從他們的思維過程可以清晰地看到4－群的存在。皮亞傑關於蘊涵的例子就是想說明這一點。而統觀整個發展過程， 4－群是由動作逐步發展而來的。最後，皮亞傑斷定， 純邏輯產生於動作， 不能把心理學與邏輯斷然分開!

第二章　認識的形象系列

——發生認識論(二)

　　讀完皮亞傑的圖式理論，我們一定會發現，這理論似乎沒有涉及知覺、表象等問題。事實上，皮亞傑在早期和中期的研究中零星地涉及到知覺、表象等問題，但是，未能專門探討它們，也沒有詳細地論及知覺、表象與圖式系列的關係。認識理論不研究這些問題，無論如何是一種缺憾。而且，這些問題是任何一個哲學家都無法規避的。於是，到了六、七〇年代，皮亞傑開始專門研究知覺、表象、記憶等問題。西方哲學家把這一研究成果，稱之為皮亞傑的「最新現象學」，或「胚胎現象學」。皮亞傑自己把知覺、表象、記憶列為同一系列，並把它們稱之為形象系列，或「思維的形象方面」。專門研究形象理論的著作主要有三本：《知覺機制》、《兒童的心理表象》、《記憶和智力》。西方學術界通常把這三本書稱之為「形象三部曲」。

　　皮亞傑的形象理論有三個很有特色的主題：(1) 活動中介系統支配著形式的建構也支配著形象的建構。(2) 形式和形象彼此不能派生，在認識的發展過程中，它們處於兩個不同的系列，它們之間只是旁系關係。(3) 形式方面支配著形象方面。皮亞傑的形象三部曲，緊緊圍繞這三個主題展開。

壹・知覺 (perception)

皮亞傑對知覺的研究，主要力圖解決知覺與理性的關係問題，以及知識在認識中的地位問題。「我們習慣上應用發生法解決這些問題，這次，我們把這一方法用於知覺機制。」❶換句話說，皮亞傑根據形式理論的基本規則建立了形象理論。

一、知覺與活動中介系統

皮亞傑認為，若想解決知覺與理性的關係問題，首先要探討知覺與活動的關係問題。由活動入手討論知覺與理性的關係問題，是一個皮亞傑式舉措。我們知道，皮亞傑根據動作和邏輯的關係，建立了他的形式系列，闡明了主體圖式和客體的建構過程。此刻，他又用活動建立形象系列的龍骨。現在就讓我們來看看皮亞傑奇特新穎的知覺與活動的關係問題。

皮亞傑對哲學史進行了一番評論後驚嘆，無論是經驗主義還是理性主義，「在他們看來好像心理生活中除了感覺和理智以外，別無它物——他們竟然忘記了動作！因此，為了理解兒童的發展，有必要根據感知運動結構的作用來考察兒童知覺的發展。」❷這是皮亞傑建立知覺理論的基本原則。根據這一原則，皮亞傑探討了知覺形成及其發展的原則。

皮亞傑認為，知覺產生於感知運動階段。它產生的契機是由

---

❶ Piaget: *The Mechanics of Perception.* New York, 1969, p.xv.

❷ 《兒童心理學》，頁24。

感知運動開始，主體形成了一個中介系統，場效應 —— 知覺活動 —— 感知運動活動這一中介系統支配著知覺的形成和發展。

場效應(effects of field) 或視覺中心效應 (effects of centration)。

「場效應」指視覺中心的場，它只存在於單一的焦點視野內，不包含任何眼球運動。研究時用速示器以 .5 到 .20 秒的瞬間將刺激物出示給兒童，在瞬間內兒童來不及眨眼，因而不至於發生任何焦點的變動。「場效應」實際上是一種瞬間的感官活動，知覺首先由它產生。特別是在感知運動的前幾個子階段，由於活動和圖式、同化和順應、場效應、知覺活動、感知運動活動相對不分化，當物體出現時，兒童只能在器官水平上與對象相互作用。因此，在這個水平上，他的認識（如果是認識的話）只能服從生理規律。場效應正是這種生理規律的集中體現者。皮亞傑認為，場效應所產生的知覺，無一例外都是錯覺。皮亞傑對錯覺的研究占了相當的篇幅。在這裡我們不準備過多地討論錯覺問題本身，只想就錯覺的出現，它被糾正意味著什麼做一說明。

皮亞傑認為，由場效應產生的錯覺稱為「原始錯覺」(primary illusion)。絕大多數原始錯覺都是「視覺—幾何錯覺」。「原始錯覺有兩個基本特點。第一，它們的性質特點並不隨年齡而改變，而它們的絕對數量值，錯覺的範圍通常會隨年齡而增加。第二個特點，無疑與它們在各年齡的數量不變性相關。速示器顯示時間非常短，以至於眼球都來不及運動，也不會出現隨之而來的第二次探究、傳遞等，錯覺隨之出現。因此，可以認為，這些原始錯覺產生於簡單的場效應。」❸它們之所以被稱之為「原始的」，

---

❸ *The Mechanisms of Perception*, p.3.

乃是因爲已被發現的物體與一個視覺中心場在瞬間內接觸，沒有
發生「焦點的移動」。「原始錯覺是最基本的知覺現象」。

　　場效應爲什麼會產生錯覺？皮亞傑認爲，這是因爲瞬時知覺
只能看到物體的一小部分，這是概率性取樣的產物。卽使注視一
個極簡單的形狀，在短暫的瞬間內也只能看淸很小一部分。事實
上，在瞬間一個人不可能在空間上同樣精確地看到每個事物，也
不能在同一時間，尤其是瞬間看淸一切。感官的各部分與刺激物
各部分相遇，每一次只能產生一個投射，投射是否準確，取決於
物體的形狀、顏色。如果形狀奇特，色彩奪目，就有可能在霎那
間給人以深刻的印象，這樣準確度就高一點。另外，它也取決於
物體投射在視網膜的哪一部分。心理─生理學測試表明，視網膜
的中央凹，是視覺形象最淸楚的地方，外周區域較模糊，盲點什
麼都看不淸楚。物體形象落在中央凹，知覺就較爲準確，可是這
概率太低了，要是落在外周區域，物體形象就會發生變形，而這
正是最常見的現象。錯覺也就不可避免地產生了。皮亞傑斷言，
在場效應中客體各部分不均勻地落在視網膜的不同區域，說明主
體與客體相遇是不完整的。二者相遇在同一時間，卻沒有形成一
個統一的空間，所以它們相遇的性質是不同源的。因而相遇形成
的諸焦點組合也是不完善的。若想糾正錯覺，首要因素是把造成不
完全組合的空間、不同源的相遇變成同質的空間和同源的相遇。
換句話說，主體把自己的感官同等地用於客體各部分，使客體各
部分均勻地投射到視網膜的中央凹和外周各區域。這樣形成的組
合就是完全的。

　　但是，同質的空間和同源的相遇不是自動完善的。它需要行
爲的進化。在感知運動階段，它需要從最初的反射活動中分化出

兩個系列的活動: 內在機能活動 —— 同化和順應的分化; 外部的場效應、知覺活動和感知運動活動的分化。關於同化和順應的分化，我們已經做了詳細的介紹。外部活動都是由反射活動分化而來，從時間順序來看，它們同時產生，就作用而言，它們構成了場效應 —— 知覺活動 —— 感知運動活動的控制系列。從這個系列可以看出，場效應受知覺活動的支配，前兩者又受感知運動活動的支配。三者之間沒有派生關係。知覺活動支配場效應也能糾正場效應產生的錯覺。

知覺活動 (perceptual activity)

場效應在各個年齡保持不變，而知覺活動是不斷發展的。所謂知覺活動指「對圖形的探究是採取有規則的眼球運動，卽是以有規則的方式變換注視點」[4]。知覺活動是集合項。之所以說它是集合，是因爲它們數量多，所有知覺活動不一定都與同一發展水平相聯繫。當場效應不得不穿過空間和時間間隔聯繫起來時，知覺活動過程就出現了。知覺活動包括探究、傳遞、時空或純時間變換等活動。這些活動隨著年齡增長日趨變化。「它們通常增大協調，減少原始錯誤。」[5] 不過，知覺活動常常引起新的系統錯誤。因爲它們把先前毫無關係的要素聯繫起來: 於是這些新聯繫形成了某些與原始錯覺相似的變形。皮亞傑把這些變形稱之爲第二錯覺。第二錯覺指隨成長而增長，到一定時間又逐步減少的錯覺。克服了第一錯覺又形成了第二錯覺。

第二錯覺是由於兒童特定的眼球探究運動造成的。成人的知覺活動比較靈活主動，他們常常自如地轉動眼球，以觀察事物的

---

[4]　《兒童心理學》，頁32。
[5]　*The Mechanisms of Perception*, p.133.

方方面面，力求不遺漏任何可以捕捉到的信息，使注視點的移動
獲得最大量的信息和最小量的損失。而兒童的注視點不如成人那
樣主動、準確，分布的面積比成人大，而在審視對象時，從這一
部分到那一部分的眼球轉動運動和比較運動發生次數較少，僅僅
出現隨意的簡單移動。這便造成兒童動作具有不規則的中心點，
好像他們指望在短短的時間內看到所有的東西，正是因爲這樣，
他們又很容易把視線過多地集中於某些特殊點上，因而又會引起
另一種錯誤 ── 第二錯覺。這種錯覺的特點在於，在一個複雜的
圖形中，兒童僅僅覺察到整體印象，對於各部分不加分析，對各
部分間的關係不加綜合。這說明兒童未能獲得整體與部分、部分
與部分之間的平衡。

　　第二錯覺由知覺活動形成，卻不能由知覺活動克服，必須由
理性活動來克服。確切地說，在感知運動階段，由感知運動活動
來克服。在更高級水平，由理性活動來克服。例如，讓嬰兒看兩
個盒子，一個略大，一個略小，並且訓練他從中選擇較大的盒
子，如果把較大的盒子拿到遠處，它在視網膜上的映象縮小了。
這時讓感知運動第四子階段以前的嬰兒選擇較大的一個，他便拿
起眼前這個盒子，而第四階段以後的嬰兒就會拿起遠處的那個較
大的。皮亞傑認爲這種狀況的出現，是因爲兒童在第四階段已經
獲得了觸覺─動覺的協調。這種協調能夠矯正物體在視覺影像上
的錯覺。因此，感知運動活動和後來的理性活動，支配著知覺活
動和場效應。

　　三種活動之間的支配關係構成了活動控制系列。這個系列在
反射圖式中處於原始同一狀態，隨著圖式、同化、順應的分化，
反射活動出現分化，這樣便從最初的反射活動中分化出場效應、

知覺活動和感知運動活動。因此，就發生過程來看，三種活動幾乎是同時產生的，彼此之間不存在派生關係，就相互關係來說，感知運動活動（理性活動）支配著知覺活動，知覺活動支配著場效應。皮亞傑指出：「我們可以說，一切動作，即一切行動，一切思維或一切情緒，都是對一種需要的反應。如果不是由於一種動機的活動，任何兒童或成人都不會在外表上作出任何動作，甚至完全不會在內心產生什麼活動；這種動作總能轉變爲一種需要。」❻需要是有層次的。在各個層次上的需要，內容雖然完全不同，但是性質基本一致。因爲一切需要實際上都是把外部世界同化到主體原有的結構中，並且使這些結構順應外部客體。可見，感知運動活動（理性活動）是人爲了生存和發展所必須從事的活動，通過這種活動，主體不僅僅改變了自己的生存空間，而且改變了自己的認識能力。這一變化最根本的標誌是活動形成了認識圖式。感知運動活動透過圖式制約知覺活動。

（一）與場效應相比，知覺活動表現爲注視焦點的移動，這種積極的探索特點並不在於視感官本身，因爲移動注視焦點並不是爲了獲得視感官的快感，而是爲了達到某種目的去看、去比較、去探索。這已經超出了感官所能及的範圍。所以知覺活動不是獨立進行的，而是人改造對象世界的整體活動 —— 外部動作和內部機能活動 —— 的一部分。是整體活動賦予它積極性、主動性。因此，知覺活動不是自我滿足的，它只有與整體活動結合起來，並受其指導才能運作。這意味著它受感知運動的指導，在一定的發展水平上受表象智力的指導。

---

❻ 《兒童的心理發展》，頁24。

（二）知覺活動在不同發展階段的水平不同，也是由感知運動等活動造成的。我們在前面講過，在低級水平的兒童眼球運動較少，注視點分布較大，同時他們又容易被某些特殊中心所吸引。在較高水平上，兒童有規則地移動注視中心，進行頗為策略地主動觀察。還是這雙眼睛，還是基本相同的視感官結構，為什麼活動有如此大的差別？答案依然是：活動水平和圖式水平決定了知覺活動的水平。

（三）知覺活動周而復始地進行，也依據它背後的活動和圖式。皮亞傑指出：「說到整體活動必將涉及在層次上高於知覺的組織形式，它是一種圖式，依靠它，活動才能重複、泛化，並且同化各種情境。在第一章我們已經說過，圖式、機能、活動是一個螺旋上升的循環過程。動作、機能建構了圖式，圖式建構又引起新的動作和機能。這種螺旋上升的圖式和機能運作，正是知覺活動重複進行的基本依據。知覺活動依附於感知運動活動，看來是勿庸置疑的了。知覺活動與場效應又是什麼關係呢？

場效應和知覺活動都是感官活動，它們的差別在於一個是瞬間的感官活動，一個是持續一定時間的感官活動。因此，場效應是特殊的知覺活動，是知覺活動的一部分。在來不及眨眼的瞬間看到一個物體，只能有場效應。在反射活動尚未分化時，即使有較長的時間，兒童依然很少出現眼球運動。這時的知覺活動主要表現為場效應。在知覺活動中，由於所看到的物體的顏色、形狀等方面的因素，兒童有可能把視線集中在色彩豔麗、形狀奇特、比例懸殊的物體上，形成視覺中心效應。在較高級水平上，視覺中心效應很快就會被新的知覺活動所排除。但是，隨著知覺活動再度進行，還會出現場效應，還需要在高級活動支配下的知覺活動

去解除視覺中心效應。知覺活動與場效應就是這樣你中有我，我中有你。皮亞傑把這種關係稱為「積澱作用」，即場效應是知覺活動的一種積澱作用。

在感知運動階段，正確知覺的產生，依賴活動控制系列，場效應—知覺活動—感知運動活動。在高級水平，感知運動活動內化為概念化活動，由此便形成高級活動控制系列：場效應—知覺活動—理智活動。它們依然是知覺產生的主要依據。應當說明的是，活動系列三個要素雖然處於一級控制一級的狀態，但是彼此不存在派生關係，它們都產生於反射活動的分化。它們的作用彼此不可替代，所以，無論在多高水平上，這個系列都存在，而且在一切水平上它都是認識發展的主幹。

二、知覺與理性

知覺與理性的關係問題和哲學一樣古老。由於對二者關係持完全不同的見解，歷史上的哲學家們由此分成兩個不同的派別：經驗主義和理性主義。「根據對教育學具有較大影響的經驗主義者的傳統觀念來看，認為知識乃是一種複寫，而理性則是單獨由知覺派生（在這個意義上，他們不再採用『感覺』這一名詞）。甚至如偉大的萊布尼茲 (Leipniz)，他是保衞理智反對感覺主義的，但是，他仍然採取了這個觀點：他認為即使觀念、判斷和論證的形式不是由『感覺』產生，而它們的內容則完全是來源於感覺。」❼皮亞傑認為他們共同的失誤是忘卻了活動的作用。他們雖然為各自的主張爭得面紅耳赤，但是他們的主張沒有根本的差

----

❼　《兒童心理學》，頁24。

別，即使是萊布尼茲這樣的偉大的理性主義者也認為，邏輯形式不是由感覺產生的，而內容還是出自感覺。因此，傳統的理性主義和經驗主義在知覺和理性的關係問題上都是派生論者。他們都無法走出二者關係的怪圈。皮亞傑提出兩個系列就是為在新的維度上解決知覺和理性的關係問題做一個鋪墊，他提出了有關知覺和理性關係的兩個著名論點 (1) 知覺不能派生出理性；(2) 知覺是理性的「先形」。

知覺不能派生出理性

皮亞傑認為，從活動來看二者不存在派生關係。活動控制系列的形成，使知覺和理性的產生各有其主。理性形式的產生是活動和圖式的相互作用，客體概念、空間、時間、因果等形式亦是動作內化的結果。知覺產生於場效應和知覺活動。就發生過程來看，知覺和理性不存在相互派生的可能性，它們是獨立的兩支。從結構來看，它們同樣不存在相互派生的可能性。皮亞傑在《知覺機制》一書中，羅列了知覺結構和理性結構的十四種區別，以期證明二者在如此巨大的差別面前，是不可能有什麼派生關係的。

(一)知覺依賴感官，因此，它從屬於提供給人們直接認識的客體：一張矩形圖，只能被理解為一張圖像，圖像受特殊形狀、各邊的絕對和相對長度、顏色等制約。而理智則能夠借助影像、詞語等想像不在眼前的客體。甚至對象就在眼前，理性也憑藉概念圖式去理解客體。因此，他可以把他見到的形狀、顏色、線條粗細不同的矩形，解釋成一般的矩形，甚至一般的四邊形的特殊情況。

(二)知覺不僅依賴形成客體形象的諸因素，而且以時間的相

近和空間的相鄰爲條件。我們看到滿月，便不可能同時看到弦月，看到房前一簇草，就不能同時看到遠處的樹和身後的房子。而理性思維可以憑藉邏輯結構認識月亮的陰晴圓缺，草叢前後的大背景和小環境。

(三)知覺本質上處於從個人觀點出發的自我中心狀態，它依靠知覺者與對象的相關狀態，它完全是一種個人體驗，除了用實驗觀測，或語言和繪畫等間接的理性手段以外，它幾乎是不可表達的。而智力運算獨立於自我，並且獨立於一切個人見解，具有普遍必然性。

(四)知覺只涉及客體的外表形態，所以它只能提供一種素材。而理智則要超越這些素材對客體進行再建構。

(五)與知覺意義相關的「信號物」和「信號化事物」相對不分化，信號物是信號化事物的一部分，二者可以置換，事實上，這時二者只能算作是標記。它們不是獨立的中介，具有主觀性。而與理性相關的象徵性和符號則完全與對象分化，它們是獨立的中介，它們不屬於對象，也不能與對象置換。

(六)知覺只能得到一個囫圇整體，它不可能有選擇地知覺某些因素，而把其他部分置之度外。理性爲了解決遇到的問題，可以按照某種邏輯選擇某些必要的東西；之後，爲了解決問題，它必須超越所選擇的素材，形成獨立的抽象和推理。

(七)知覺結構是「刻板」的，是一個整體「格式塔」；而運算結構的基本特性是易變性，「這種易變性是指主體自身能夠分解並且可以隨意重組自己的結構。」❽

(八)知覺形式與內容不可分割。「在最基本的知覺中，內容

---

❽　*The Mechanisms of Perception*, p.287.

（或感覺等）在形式之後產生，它是後來建構的，它永遠被視爲一種形式的函數，無論好與壞，穩定與不穩定，總有一個形式，甚至一堆雜亂無章的客體也構成一種知覺形式。」❾ 在知覺領域人們不可能發現沒有內容的形式。在理性中，形式可以獨立於內容而運作。在這個領域，甚至一些沒有內容的形式也能建立起來，並且良好運作。正因爲如此，形式運算階段主體才有可能建立「沒有具體內容，並且以象徵爲基礎的純形式結構」❿。

（九）知覺結構由於缺乏抽象，所以很難定界，而理性運算結構則能清晰地定界。

（十）知覺完形充其量不過是「有意義」，而運算完形則具有必然性。主體面臨∷這樣的圖形時，知覺必定認爲它是正方形，而理性則可以推斷出它有無限個可能的聯結方式，正方形只是其中的一種。

（十一）知覺結構是非相加結構，它不能被同化到類和集合結構中去。如果發現╳的形式，主體只限於把╳的特性同化到以前發現的╳′的其他特性中，但是，他在知覺上絕不能把一切╳′匯集成特定的、擴大的類或集合。分類和集合不可能被感官感知，只能在運算水平通過邏輯運算表現出來。從結構來看，只有理性的邏輯運算才能有分類或集合等結構。

（十二）不僅在類和集合，在其他各類集合中，知覺與運算也有著根本差別。如果有兩個項A和B，知覺常常是把它們結合在一起，這便使項發生變化，因此，知覺關係發生變形。而理智則不加改變地保留了相互關聯的項。例如，要是客觀上 $A \subset B$，

---

❾　同❽，p.288.

❿　同❽。

B⊂C，在知覺上把B與A相比較時，就會高估B，當B與C比較時會低估B。用B（A）表明B與A相比較，人們在知覺上就會得出 B（A）⊃B和B（C）⊂B，B（A）⊃B（C）。而在理智上就會毫無差錯地得出 B（A）＝B，B（C）＝B，B（A）＝B（C）的結論。

（十三）就推理過程而言，知覺活動中也有某種推理過程，但是，它們並沒有超出直接的「前推理」水平，主體不能控制它的構成。而在理性推理中，主體能夠把素材和從素材得出的結論區分開來。重要的是，他能夠掌握由素材推出結論的方法。

「知覺機制出現某種推理過程是知覺標記和知覺圖式的存在造成的。它之所以產生於圖式是因為，若是一個圖式包含特性X、Y、Z，X、Y是嚴格規定了的，而Z則沒有妥善規定，那麼，主體就能通過X和Y領悟到Z。因此，Z的知覺由存在於X、Y和Z之間的內含形式所產生，而不是由對 Z 的直接記錄所產生。」⓫在知覺中，主體不能把他實際記錄下來的特性X、Y，與他透過記錄獲得的特性Z分化，他甚至不能掌握透過X和Y獲得Z的方法。

知覺標記可以在任何時候對知覺進行指導。如果在知覺中，X和Y需要Z，我們就可以把X和Y看作標記或者信號物，把Z看作被信號化事物。不過在知覺中，信號物和信號化事物相對不分化。知覺標記只是被信號化事物的一部分或一方面。而在理智運算中二者完全分化，並且相互關係十分清楚。信號物不是被信號化事物的一部分，它只表現被信號化事物之間的相互關係。

⓫ 同❽，p.291.

（十四）最後一個區別是最根本的，運算是可逆的，知覺是不可逆的。關於運算的可逆性，我們在第一章已經做了簡單的說明。皮亞傑認爲，知覺的不可逆性表現爲三個方面：第一，知覺關係是非相加的，它不具有與聯合過程相反的分解或相減過程。例如，加上或減去一些因素來改變圖形，就會產生與原來不同的知覺。第二，在相互作用的意義上，知覺同樣是不可逆的，它依賴進行比較的前後秩序，並且受這一秩序制約，接受秩序賦予的錯覺（見第十二類區別），理性則可以超越這一秩序。第三，在外在意義上知覺也不可逆。

皮亞傑之所以描述知覺與理性的這些差異，是爲了說明知覺不可能跨越這些差別，進化爲理性。換句話說，知覺不能派生出理性。在第一章，我們已經說明了理性的運算圖式的形成過程。皮亞傑認爲，理性圖式運動活動及其圖式內化的必然產物，對這一過程的敍述至少說明，知覺形式不能派生出理性形式。而這十四種差別則進一步強化了知覺不能派生出理性的結論。不論皮亞傑的討論是否證明了這一點，他必須正視這一事實：知覺明明白白地存在著，它比理性圖式和概念先產生，而且與概念和理性有明顯的同構性。如果認爲它們之間從形式到內容都沒有派生關係，至少應該說明它們究竟是什麼關係。

知覺是理性的「先形」（prefiguration）

皮亞傑認爲，知覺的發展與相應的概念的發展有部分同構性。如知覺空間、時間、因果等都是從相對不分化到分化之後的主觀化──→客觀化，而理性的空間、時間、因果也經歷了這樣的發展過程。這種同構性說明了知覺是理性的「先形」。但是，「『先形』這個名詞可以有兩種完全不同的含義。一種含義是，知覺是概念

的直接先驅。」「另一種含義是知覺和概念的構成是類似的，但是，兩者是旁系關係，而不是因果關係，它們的共同來源是感知運動圖式。」❷ 皮亞傑是在後一種意義上使用先形一詞，並且從幾個不同的角度證明了這種先形關係。

　　知覺是概念的先形：皮亞傑指出：「主張知覺是概念的先形，只是斷言知覺在表象智力之前，但不是斷言它在感知運動之上。因此，只需要確定一個問題：概念是從知覺中抽象出來的，還是從整體上產生於感知運動活動。後者是可能的，因為感知運動智力也是表象智力的先形，而知覺活動並不是感知運動活動的先形，只是與它同時產生，甚至是它的特殊情況。」❸ 因此，知覺是概念先形的眞正意義是反射圖式和活動的分化產生了兩個系列，如圖所示：

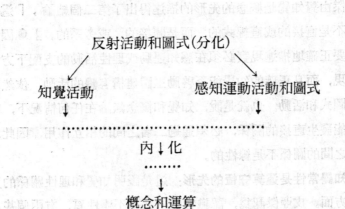

---

❷　《兒童心理學》，頁37。
❸　*The Mechanisms of Perception*, p.351.

兩個系列的形成說明，二者彼此不可派生。這樣，知覺作爲概念的先形就出現了另外一種與傳統哲學不同的解釋，卽知覺的功用是在感知運動活動和圖式的支配下描述現實，或者告訴主體一個信息：某物存在。這種描述刺激了主體，使之啓動了自己的活動和圖式來建構現實。「在每個發展階段或行爲等級上，主體都以類似的方式對認識進行建構或再建構，先前的建構以類似的方式被延續到下一階段，並被下一階段的建構所超越。」⓮如果說得俗一點，知覺和概念是同一祖先繁衍的兩個分支。反射活動分化，產生了兩類活動，一類是知覺活動，一類是感知運動活動(到了高級水平就是理性活動)，知覺產生於描述現實的知覺活動，概念運算產生於建構現實的感知運動活動或理性活動。後者支配前者，前者激活了後者，或啓動了後者，這就是所謂的先形作用。皮亞傑由對知覺是概念的先形的描述得出了第二個結論，「這一先形不是直接的或直線式的，而是間接的，或旁系的。」⓯因爲知覺要正確地描述現實必須在感知運動或理性活動的支配下方可以實現，而且正確的知覺能否啓動主體建構客體的活動，依然取決於圖式和活動。也就是說，知覺和概念無論在任何情況下，都不可能發生直接的關係，必須通過二者之間的相互作用，因此，它們之間的關係不是線性的。

　　知覺常性是運算守恆的先形：這是證明知覺和理性關係的又一個方面。皮亞傑認爲，認識物體的某些不變性質，有兩個基本過程：認識知覺常性和認識運算守恆。知覺常性和運算守恆涉及到二個方面的問題：(1)二者都以多種補償機制爲基礎。一個物

⓮　同⓭，p.352。
⓯　同⓭。

體在近處時看著大些，放到遠處，視網膜上的影像就會小些，但是，它們的實際大小並不改變。如果主體處於初級認識水平，當物體放在遠處時，就會對物體的大小產生低估，這是沒有知覺常性的表現。在較高認識階段，由於有了較高級的認識圖式，所以兒童在知覺中能夠憑藉距離和形狀大小的比例產生正確的知覺，這便是皮亞傑所說的知覺常性。在物體守恆的情況下，兒童看到液體倒向窄而高的杯，水平面升高。有守恆圖式的兒童知道窄×高＝寬×矮，並且由此斷定液體容量不變。容量守恆也是變量之間的補償作用。所以，知覺常性與運算守恆有結構的相似，或部分同構性。不用說，這種同構性依然來自它們共同的先驅者。

(2) 知覺常性只需要知覺活動的協調，而守恆則需要形成運算補償系統。發生學的研究表明，知覺常性在生活的第一年就出現了，此後快速發展，到具體運算時發展終止。而運算守恆到7歲以後（具體運算階段）才出現，它比知覺常性整整晚了七年之久。落後的原因何在？皮亞傑認為，在知覺常性的情況下，物體實際上並不發生變化，只是由於距離不同，在視網膜上的大小變化，也就是說，僅僅是由於主體的觀察點不同而引起外觀上的變化。在這種情況下，若想獲得正確的知覺，並不涉及物體的問題，只需要通過視知覺和觸動協調，便可以使客體恢復常性，即獲得正確的知覺。知覺活動的協調在感知運動水平就可以獲得。但是，守恆就沒有這麼簡單了。在守恆情況下，物體的物理屬性發生變化。為了理解變化中的不變因素，並且透過不變因素來認識物體是否發生變化，那就不是一個視知覺和觸動知覺的問題。它必須在運算圖式中構成一個變換體系，行使補償功能。這個變換系統的產生經歷一個十分複雜的內化過程，我們在第一章已經

做了說明,這個過程表明運算守恆不是知覺常性的簡單延伸,「常性和守恆之間的關係是一種旁系關係: 運算守恆乃是對早期不變性的認識（即永久客體圖式）的直接延伸。」❶即永久客體圖式經過若干次內化, 形成運算變換補償系統。而永久客體圖式與早期知覺常性的關係, 如同一般的知覺與感知運動圖式的關係一樣, 抓握活動協調, 產生了永久客體圖式; 有永久客體圖式, 就可能有形成知覺活動的協調, 這一協調產生知覺常性。因此「永久客體圖式同早期常性之間確實存在著彼此之間的相互作用」❶。這種相互作用說明它們之間是旁系關係。是非派生意義上的先形關係。

除此之外, 皮亞傑還探討了知覺投影和運算投影、知覺因果和運算因果, 知覺空間和運算空間等之間的先形關係。這裡恕不一一介紹。

皮亞傑說明知覺和理性的關係, 旨在於證實它們之間不可彼此派生, 而是各有各的產生途徑。但是, 這並不意味著二者之間地位平等。按照皮亞傑的一貫思想, 認識的本質乃是運算, 運算是建立對象的一種活動, 而知覺是「從造形的角度描述現實」。它沒有建立對象的能力。因此, 理性運算處於主導地位, 知覺儘管重要卻處於從屬地位。確定這一點無疑具有重要意義。因為這一點一經確立, 理性邏輯在先的原則就可以確立了。

貳·表 象

表象是形象系列的第二個環節,「是一種內化了的模仿的結

❶ 《兒童心理學》, 頁39。
❶ 同❶。

果。」與知覺相比它產生較晚，大約在感知運動末期，最簡單的表象才出現。

　　對於表象的研究像知覺的研究一樣歷史悠久。所不同的是，表象在哲學的不同時期，被冠以不同的名稱，而且同是 image 這個詞，範圍、內涵以及研究方法都有著重大差別。但是，無論如何，對表象的研究始終是哲學的一個重要組成部分。皮亞傑認為，從心理學與哲學分家之後，特別是實驗心理學產生以來，表象的研究經歷了三個不同的階段。第一個階段是聯想主義，他們把表象視為知覺，甚至感覺的直接結果。卽表象由知覺，甚至由感覺派生出來。他們把表象視為思維的兩個基本要素之一，思想則被視為表象之間的聯想體系。因此，聯想主義的基本命題是，感覺知覺形成表象，表象的聯想形成思維或概念。這就是皮亞傑所批評的直線式關係。第二階段大約開始於一九〇〇年，是德國符茲堡學派最活躍的時期。符茲堡學派又被稱之為內省心理學，他們聲稱自己發現了無表象思維的本質存在，並且斷定表象不是思維的要素。他們認為，某人可以想像某一事物，但是肯定或否定它存在的判斷並不是由表象本身的特點所決定。也就是說判斷和運算都不是表象，但是這並不排除表象在思維中一定會起作用，因為表象是一種輔助物。第三階段就是以皮亞傑為代表的發生認識論。皮亞傑指出，我們目睹了三種發展，它們對我們的表象認識產生影響。「第一種在性質上仍然是理論的：表象不再解釋為知覺的延長，而是（像戴西預見的）需要一種象徵狀態。」[18] 梅爾森就持這種見解。「第二種成就來自一系列心理—生理學研

---

[18] *The Essential Piaget*, p.653.

究和精神病理學觀察，它們有助於展示支配象徵表象的形成是運動活動的作用，一個動作憑藉這種活動的作用被再生出來。」⑲
「第三種成就來自兒童心理學。它有雙重意義，(1)它使我們能夠擬定出表象形成的大致階段（象徵性功能隨著語言、象徵性遊戲和延遲模仿開始），(2)它有助於我們在與運算進化的多重關係中，追溯象徵表象的發展。」⑳皮亞傑概括了傳統哲學對表象的研究，批判地分析了實驗心理學的表象觀，汲取了不同科學領域研究表象的成就，以及發生學的基本原理為前提，提出了自己的表象理論。

一、表象與知覺

皮亞傑指出，從發生學的觀點來看，最簡單的表象大約是在感知運動後期或前運算期出現的。它比知覺產生得晚，比理性思維出現得早。不僅如此，表象兼有知覺和理性思維雙方的特點。一方面，表象與知覺一樣，也具有形象化的特徵，也是從造形的角度描述現實。正因為這樣，它被看作認識形象系列的第三個重要環節。另一方面，表象與理性思維都有很多相似之處。首先，它們都與信號性功能有關，表象由信號性功能所產生。理性思維則是感知運動活動和圖式借助於信號性功能進行內化形成的。他們之間的相似性或同構性也來源於此。其次，他們的建構過程都是內在的，他人不能直接觀察到的，在這一點上，他更接近於思維。皮亞傑對表象的研究重點，也正是圍繞這兩個基本問題展開的：(1)表象與知覺的關係；(2)表象與理性思維的關係。

---

⑲　同⑱。
⑳　同⑱。

　　表象與知覺同處於形象系列，具有相似性，這只是問題的一個方面，問題的另一個方面是，表象與知覺也有很大的差異，皮亞傑在討論知覺和表象時，更注重它們之間的差異。首先，按照皮亞傑的觀點，「表象不發光；它缺乏在知覺中發現的那種卽時的物點和活生生的現實性。」[21]當然，這一特點是從外部推斷出來的。我們經常發現這種情況，當人們聽到一曲美妙動聽的音樂，或者聽到異樣的聲音，總要情不自禁地去尋找聲音來自何方。但是，若是通過聽覺表象再現這一樂曲或聲音時，就不會再有這樣的外部動作。就內心體驗而言，知覺也不同於表象。當你看到一尊精美的浮雕或林布蘭的名畫時，定然會爲那細膩的線條，巧奪天工的技藝，舉世無雙的構思而興奮、激動和感嘆。當事過之後，再回味這一切，固然也會有這種激動感，但是，肯定不會有當時那樣強烈的感受和心情。這種現象在日常生活中也很常見。有一次筆者偶爾看了一部電視片《在那遙遠的地方》。片子敍述了「西北歌王」王洛賓一生的經歷。王老少時在北京學聲樂，抗戰期間到西北，兩度坐牢，兩次不幸的婚姻，與藏族姑娘卓瑪和女作家三毛純眞的愛情……。這一切是那樣令人辛酸，使我不禁潸然淚下，整整傷感了一個晚上，而王洛賓本人在影片中卻侃侃而談，彷彿在講別人的歷險記。如果按照皮亞傑的觀點，我當時的感受正是強烈的聽覺效應（當然這是以理性爲基礎的聽覺），而王老的平靜，除了苦難之後頓悟人生的理性之外，也有表象中切身感受的痛苦隨時間消褪的緣故。我想若是王老在獄中或在最痛苦的時刻，斷然不會如此平靜。這在一定程度上反映了知覺與表象在內心感受上的差異。

---

[21]　同[18]，p.655.

　　皮亞傑討論知覺和表象的差異，如同他討論知覺和理性的差異一樣，並不僅僅是爲了說明它們的差異，而只想通過對差異的描述，提出如下問題：從知覺中能否派生出表象？皮亞傑的回答是：表象的內容來自對知覺的再建構，而表象的形式不可能來自知覺。他提出了兩個方面的證明。

　　(一)神經生理學的證明。他指出，「至少有兩個充分的理由令人懷疑心理表象是知覺所派生，首先從神經生理學上看，一個人在想像一個軀體運動時，與軀體運動實際實行時所呈現出的腦電圖和肌電圖電波相同。即是說，一個運動表象包含著這個運動的縮影。」[22]許多科學家的實驗都證實了這一點。加斯圖特和伯特用電腦觀察到，彎曲手臂的運動，其內心的表象與眞實完成這一運動曲線波相同。A·雷發現，一個運動表象的出現所需要的時間，與完成這一運動所需要的時間基本相同。在視覺表象中，情況也差不多。莫爾在凸眼病人身上進行實驗，這種病人眼球突出，觀察者很容易觀察到他們的眼動情況。他要求病人閉上眼睛，想像一張桌子，或一個圓形的花園池塘。然後把手指放到病人的眼球上，莫爾發現，眼球正在隨著運動再生他此刻所想像的該客體的形狀。

　　(二)發生學的證明。皮亞傑指出：「如果表象僅僅是知覺的引申，那麼它在兒童出生時就會出現。但是，在感知運動階段，並沒有觀察到這方面的任何證據。表象的發生似乎只是在信號性功能出現時才開始。」[23]兒童幾乎是在出生時就有知覺，但只是到了將近2歲，也就是感知運動末期，前運算初期才出現最簡單的表象。如果表象是各種知覺的集合，就不該有這種時間上的落

----

[22]　《兒童心理學》，頁53。
[23]　同[22]，頁63～54。

後，它們應該是同步的。發生學的研究表明，知覺在感知運動階段是遙遙領先的，頗有點像白堊紀的恐龍。但是，表象一經出現，形象系列的頭領就成爲表象，知覺退居次要地位。

上述兩方面的證據證明，表象不是對知覺進行簡單抽象的結果，因爲「如果表象是從知覺中派生出來的，人們就很難理解它最初爲什麼落後於知覺」[24]。從而也無法理解當表象高度發展時，知覺卻遠遠落在後面。常識告訴我們，落後的知覺不能繁衍出發達的表象。

旣然表象不是由知覺派生，至少表象的形式不是由知覺派生的，那麼它究竟是怎樣產生的呢？皮亞傑認爲，表象的產生是信號性功能的產物。信號性功能的產生有兩個基本前提：第一，信號性功能依賴於在感知運動水平上行爲的進化 —— 遊戲和模仿。遊戲是兒童動作的主導方面。在整個兒童期，遊戲是不斷進化的。2歲以前，遊戲只是實用性或功能性遊戲，即爲了某種機能的需要而進行遊戲。實用遊戲的直接作用是使感知運動圖式得到豐富和發展。大約在2歲左右，圖式的發展促成象徵性遊戲的出現。象徵性遊戲的基本構成是模仿性行爲，若想模仿必須對客體的整體影像有所了解，所以「象徵性或想像的作用導致表象或甚至包含了表象」。第二，信號性功能的產生也依靠永久客體圖式。大約在感知運動階段第四至五個子階段，永久客體圖式逐步形成。剛剛產生的永久客體圖式並不能馬上產生表象，只有到了感知運動後期，永久客體圖式得到協調鞏固，並與空間、時間、因果等圖式形成平衡時才可能。因爲只有到了這時，客體消失在視野之

㉔ *The Mechanisms of Perception*, p.330.

外，主體才有可能根據永久客體和空間等圖式，在腦海裡重現一系列連續的位移， 對非知覺性位移進行心理重組， 由此引起表象。第三， 信號性功能的產生依賴感知運動活動的高度發展。按照皮亞傑的見解， 促進認識發展的四因素之一便是成熟， 生理學研究表明，人腦有三級皮質區：第一級皮質區爲投射區，第二級皮質區爲投射—聯絡區， 第三級皮質區爲重疊區。 第三級主要保證各個分析器官皮質環節的協同工作，保證大腦皮質最複雜的活動機能。在出生時， 第一級皮質區是完全成熟的，第二、三級皮質區只是初具規模。而信號功能的產生， 主要依賴第二、三級皮質區。 這兩個皮質區的成熟， 除了必備的物質因素（如營養等）之外， 主要依賴感知運動活動。感知運動活動的發展，爲信號性功能的產生奠定了基礎，而信號性功能的產生又引起心理表象。不言而喻， 表象的產生也有一個活動控制系列，感知運動活動（圖式）或理性活動—信號性功能—表象。這與支配知覺產生的活動控制系列十分相似。表象的形成也證明了形象系列與形式系列是旁系關係。

　　需要說明的是， 表象不是知覺的派生物與理性不是知覺的派生物有實質的差別。皮亞傑說明理性不是知覺的派生物，只是爲了說明它們是兩個系列。而知覺和表象都是形象系列，它們的非派生關係只限於結構方面。換句話說， 它們的形式有不同的構成過程， 彼此不能派生。而從內容來看：「顯然這些表象的內容是從知覺中產生的。」㉕知覺活動從內容上爲表象提供了素材， 表象透過對知覺活動結果進行形象的再建構完成對客體的描述。在發生學水平， 表象受兩種力量制約：一種是知覺素材， 一種是理

㉕　同㉔。

性思維的圖式和活動。

二、表象的分類

　　皮亞傑認爲，表象的分類有許多種方法。按內容分類，可分爲視覺表象、聽覺表象等。按結構分類，可分爲對靜態客體的表象、運動客體的表象，和客體轉變狀態的變形表象等等。以結構爲依據的分類，表現了表象發展的不同水平，皮亞傑採取了這種分類法。皮亞傑指出，如果按結構劃分，表象可以分爲兩大類，第一類爲再現表象，第二類爲預見表象。

再現表象

　　再現表象即是再現先前知覺過的情景。它有三種形式：再現靜物的靜態表象，再現運動和位置變換的運動表象，再現物體形狀變化過程的變形表象。當然這種劃分是「因爲這三種現實在主體的知覺經驗中經常發生」。

　　再現表象的三種類型與一定的運算水平相適應。皮亞傑在4～12歲的兒童身上進行了反覆實驗，結果表明，兒童在前運算期的心理表象幾乎完全是靜態的。他很難再現他所看到的運動和變形表象。到具體運算水平時，兒童才能再現運動和變形表象。皮亞傑把一個細長棒的一端固定，然後讓他沿固定點旋轉90°。小棒停止運動後，讓兒童描述小棒的運動軌跡。儘管事先告訴兒童小棒的一端已經固定，並且讓他看到小棒的運動過程，但是，具體運算階段以前的兒童還是把軌跡描述成直角，好像這根棒僅僅指開始和終點的位置。皮亞傑認爲，這個實驗表明，兒童實際上不能指出小棒從起點到終點的運動過程，也就是說，不能再現小棒從起點到終點的運動過程。實驗的性質是讓兒童再生物體運動過

程，結果表明，4～5歲的兒童幾乎不能再現這一過程，6～7歲的兒童中只有少數人能成功地再現這一過程，只有8～9歲以上的兒童才能再現這一過程。前運算期兒童的「表象還是跳躍進行的，用柏格森的話來說，只是連續狀態的瞬時快拍攝」❷。前運算期的兒童不能再現物體的運動是因爲他們沒有守恆圖式。首先，他們只考慮物體的靜止狀態，忽略了位置的變換，其次，卽使他們覺察到了變化，也不認爲這是從一種狀態到另一種狀態的可逆性運動。由於他們沒有可逆性和守恆圖式，運動過程就無法被再現。這一事實再一次證明，表象的水平取決於運算圖式的水平。

變形表象是再現表象的最後一種形式。對於變形表象，皮亞傑也是運用大量實驗證明的。實驗者分別讓兒童看三根10厘米、13厘米、24厘米長的彎成弧形金屬棒，讓兒童回答7個問題，我們只列舉其中兩個：(1)畫出這些弧線變爲直線以後的長度；(2)畫出從弧線到直線的一種中間狀態。結果是，第一，由弧線變成的直線，長度被大大低估了，而直線變成的弧線長度被高估了。第二，7歲以前的兒童，無論如何也不能畫出圓弧與直線之間的中間階段。這些圖的共同特點是所畫的弧線和直線上下對齊，起點和終點在同一位置上。

皮亞傑認爲，具體運算階段以前的兒童之所以出現對變形線段的高估或低估，是因爲他們不知道長和遠的相互補償。這與前運算期的兒童沒有守恆和可逆性補償概念相對應。兒童只顧及了兩線起點和終點一樣，但是忽略了它們的軌跡，而且他們不知道

---

❷ *The Essential Piaget*, p.671.

線的彎曲度和長度之間有什麼補償作用。所以，他們不能正確地
描述圖形的轉變過程。這些實例「再一次表明，運算的理解先於
表象或先於描述轉變細節的表象。但是，它首先表明，表象轉
變結果比表象轉變本身容易」❷。因為轉變結果只是一種狀態，
而轉變本身是一種複雜的過程。理解轉變過程首當其衝的條件是
守恆和可逆性。因而變形表象只有到了具體運算階段以後才能出
現。

預見表象

預見表象「指預見運動或變化以及它們的結果，儘管主體先
前對它們並未觀察過（例如能預見一個幾何圖形改變以後將成為
什麼樣的圖形）。」❷有兩輛汽車模型，一藍一紅，沿兩條平等直
線移動90厘米，然後進入一條溝內。在到達溝內以前，兩輛車分
三次完成下列運動：(1) 兩車同時出發，藍車比紅車快，在進溝
以前，藍車超過紅車。(2) 一紅車先出發，另一藍車後出發，藍
車速度比紅車快，正好在進入溝內的一剎那，藍車趕上紅車。
(3) 兩輛車的起點不同，藍車起點遠，紅車起點近。但是藍車速
度比紅車快，最後兩輛車同時進入溝內。皮亞傑要求兒童做四件
事，其中有兩件事是涉及表象的。第一，再現三種情況下看到的
車的運動。這是在兩輛車都停在溝內並且看不到它們停放地點時，
要求兒童做的。第二，再現了運動以後，讓兒童根據兩輛車原有
的速度，預見兩輛車進入溝內以後，誰先誰後，以及兩車之間
的間隔增加還是減少。這是要求兒童除了再現他所看到的運動以
外，通過預見，延長他看不到的運動和速度。

---

❷　同❷，p.673.
❷　《兒童心理學》，頁55。

實驗表明，兒童再現已經看到的三種運動過程基本上都是成功的，問題出現在預見表象上。兒童在預見汽車進入溝內的運動情況時出現了三種情況：(1) 一車超過另一車。這種情況沒有預見，甚至不能預見汽車進入溝內以後的先後順序。(2) 一車趕上另一車。這種情況有純粹的順序預見，能說明汽車進入溝內以後哪輛在先，哪輛在後。(3) 一車趕上另一車。這是一種超順序預見，能說明汽車在進入溝內以後的先後順序和兩車之間空間間隔的增加或減少情況。這三種情況表明了一定的年齡特徵。最爲困難的預見是超順序預見。只有到了具體運算後期才眞正出現了對超順序的預見。

預見順序或超順序實際上是在表象中預見速度的變化。「速度觀念的最早產生並非以度量的形式（速度＝距離／時間，即 V＝S/T）出現，而是以序數形式出現，兒童直到10、11歲時才能達到度量形式水平。」⑳這裡所說的序數形式指根據兩個相對運動物體前後順序，而不是根據單位時間走的路程來判定速度。到了10、11歲才出現度量形式，即 V＝S/T，這與上述所說的預見表象的出現相吻合。不用說，這依然是表象依賴運算的佐證。

從時間順序看，再現表象大約出現於前運算階段到具體運算早期，預見表象大約出現於具體運算後期。那麼預見表象是否由再現表象產生？皮亞傑指出：「代表後來階段特徵的預見表象，並不是簡單地從較早階段的再現表象中派生出來的。表象像知覺一樣，是由整體活動乃至智力構築起來的，它並不能自動發展，這似乎是認知活動形象形式的一般特徵。」⑳預見表象在再現表

⑳　同⑱，頁81。
⑳　*The Essential Piaget*, p.676.

象之後出現，但是，又不是由它派生。表象在知覺之後，也不是由知覺派生。這說明，知覺、表象以及整個形象系列都不是自我滿足的，它們自身沒有自我促進的動力，它只是主體活動和圖式的副產品，是它們的一種積澱，所以它們隨著主體圖式和活動的產生面產生，隨著它們的發展而發展。雖然形象系列有從低到高的排列，卽場效應、知覺、複寫表象、靜態再現表象、動態再現表象、變型表象、預見表象等。但是，這種排列從其自身來說是不連續的、靜態的。它們的內容雖然有一定的聯繫，但是它們的結構彼此不能派生，只能由它們背後的活動控制系列和圖式來建立。由於活動和圖式是一個不斷上升的螺旋體，所以它們賦予了由它們所支配的形象系列發展的等級特徵。

表象的分類實質上已經蘊涵著表象與運算思維的關係，但是它只說明了這個關係的某個方面，所以，我們有必要專門探討皮亞傑對於表象與運算思維的全部關係的研究。

三、表象與運算

表象與運算思維的關係和知覺與運算思維的關係基本相同。它們共同的特徵是不能獨立產生和發展，它們都依賴運算。這一特點實際上已經排除了從形象系列中產生形式系列的任何可能性。皮亞傑指出：「表象是認識的工具，因此它依賴於認識機能。」[31] 所以表象與思維的關係首先是從屬關係。

(一)皮亞傑認為，認識的發展是結構性的發展，結構是認識的主幹，因此，認識中的一切都與結構有關。而在結構中，形式

---

[31] 同[30]，p.653.

結構又是主導方面，是自我滿足的，可以不斷地建構自身。形象結構則處於從屬地位。表象本身不發光，只能借別人的光來照亮自己。就功能而言，表象是描述客體現象的較高級形式，它呈現於主體的，不僅僅是無意義的素材，它告訴主體的，不僅僅是「它存在」。它是一種圖解，與知覺相比，它具有相對整體性，卽它不是零星的、破碎的。通過表象描述客體的關鍵在於對客體的本質認識到什麽程度。因而，從總體意義上說，表象應該，而且必然依賴後者。從表象進化的過程來看，這一點更爲突出。我們在前面對此已經做過介紹。兒童產生的第一個心理表象是再現表象。再現表象在前運算階段，主要是通過我們稱之爲「組成性功能」的東西來表現某些客觀的關係。組成性功能指主體認識客體事物具有定向或單向性。例如，一條直線擺成一個直角，

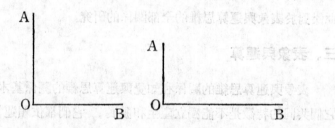

ＡＯ＝ＯＢ，如果把圖形拉長，ＡＯ＜ＯＢ。用定向性功能認識事物的兒童，不能從這個不等式中推出△Ａ＝△Ｂ，卽Ａ的縮短部分等於Ｂ的延長部分。他們「一般認爲，被拉長的線段的加長量比另一線的縮短量要多些，重要的是，被試者不會承認總長Ａ＋Ｂ的守恆」❸❷。運用組成性功能認識客體的最大特點就

---

❸❷　《發生認識論原理》，頁35。

是缺乏可逆性和守恆。按照皮亞傑的觀點，發展進化的眞正含義是有所改變，也有所不變，也就是以守恆和可逆性爲基礎的轉變。組成性功能恰恰缺乏這一點，所以前運算階段的兒童不能解釋運動和轉變，受它制約的表象，也因沒有守恆和可逆性爲依據而呈現出靜態。

　　到了具體運算階段特別是具體運算後期，或稱「第二水平」，運算思維擺脫了具體和直觀，開始走向眞正的邏輯、概念思維。這時，它所獲得的最大成就就是擁有可逆性和守恆。與之相應，運動和變形表象隨之產生。皮亞傑由此斷言：「運動的或變形的再現表象和預見表象都依賴於運算，因爲通過運算兒童才能理解這些過程。因此，心理表象的形成不可能發生在理解之前。」[33] 主體只能表象他能夠理解的東西。他不理解的東西無時不在刺激他，但是，不能形成正確的表象。表象的水平永遠與圖式的水平相對應。

　　從這種依賴關係中，皮亞傑得出一個結論：「心理表象僅是一系列象徵，它給兒童的前運算階段或具體運算階段的理解水平提供了一些正確的，但一般講卻是緩慢的進展。表象遠不足以產生運算的結構，儘管是很正確的表象至多只能有助於改進兒童對情況的覺察，日後通過可逆性變換，使運算同這些情況聯繫起來。但是，表象本身仍然保持著靜態的和不連續的性質。」[34] 表象的準確性，乃是運算圖式長期積澱的結果。但是，它無論多麼準確，至多只是描述性的，不是建立對象。這是因爲表象不具有

---

[33]　《兒童心理學》，頁56。
[34]　*The Essential Piaget*, p.683.

創造性，它與運算的關係有如珍珠項鍊。表象是珠子，儘管光彩奪目，卻是一盤散沙，構不成一個形狀，只有鍊子把它們串起來，才能成為一個美麗的裝飾物。因此，表象的連續性是運算圖式賦予的。所以，從再現表象過渡到預見表象有一個系統上的困難。這一轉變需要表象之外的運算因素。

（二）表象是思維中不可缺少的部分。表象從屬於理性，理性不是由表象派生的。那麼沒有表象是否也可以思維呢？皮亞傑認為絕無可能。

皮亞傑指出，無表象思維是符茲堡學派提出來的。該學派的主要代表人物彪勒認為，思維不是感覺和表象組成，在思維者的常識中，存在一種非感覺、非表象的元素，這就是思維元素。這個主張顯然是受了構造主義的原子論的影響，把思維分解成元素。而元素就是思維的內容，由這些元素構成的思維是內省的結果。皮亞傑對這種見解進行了分析。他指出：「某人可以想像某一事物，但是肯定或否定它存在的判斷並不是由表象本身的特點所決定。這一發現含有判斷和運算都不是表象的意思。」㉟按照皮亞傑的看法，表象有模寫、再現和預見功能。即模寫一個知覺形象，再現物體的運動或變形過程，預見一些事物可能出現的情景。也可以僅僅憑藉個人好惡想像一個形象運動等。在個人想像力的範圍內，可以產生不計其數的表象。因此，表象既可以是對客體的真實、準確的描述，也可以是對即將出現的景象或根本不存在的事物的想像。而運算思維是一種邏輯思維，它不是憑想像建立對象。理性沒有翅膀。筆者認為，所謂判斷和運算都不是表

㉟ 《兒童心理學》，頁54。

象，就是在這個意義上而言。但是，皮亞傑又指出:「這並不排除表象在思維中會起一定的作用的可能性，因爲表象是作爲語言的一種象徵性的輔助物。語言本身除了表示概念或雖然只是一個成員但被當作類別看待的具體事物（例如，「我的父親」）以外，並不表示任何其他的東西。成年人如同兒童一樣，需要在五個與概念無關而與具體事物及本人過去的整個知覺經驗有關的信號系統。這一任務被指定給表象，而且由於表象具有『象徵』的性質，使它獲得了同被象徵的事物在一定程度上的相似性。」❸❻這種相似性，使人們透過表象的象徵性，賦予語言具體的含義，使人們對語言有了一定的認識。語言又包含著兩類東西: 一是概念，二是具體事物。建立對象實際上是利用語言進行概念判斷和推理的過程。鑒於語言和表象、語言和判斷推理的關係，皮亞傑斷定，儘管表象不能在本質上建立某一對象，但是，運算思維在建立對象時，也需要表象所賦予語言的具體內容。另一方面，邏輯運算，或稱形式運算，是一種擺脫了具體事物和任何知覺表象的思維，這是否是無表象思維。皮亞傑認爲，這依然不能把表象排除在思維過程之外。他指出，「當證實了一個性質在O是眞實的以後，如果對N是眞實的，那麼對N＋1也是眞實的，『全部』數字也都是眞實的推理，從一開始就以不同程度的表象『直觀』爲基礎。」❸❼皮亞傑在這裡運用了一個典型的發生學的方法。他認爲，僅就現存的邏輯數學運算而言，它是無表象思維，但是，這種思維是從眞正的知覺、表象、動作思維內化而來的。它與表象等有不可分割的聯繫。

---

❸❻ 同❸❺。
❸❼ *The Essential Piaget,* p.677.

但是，表象對於思維所起的作用遠不只是發生學意義上的。皮亞傑指出，每一個運算過程，即使是純數學運算也不能沒有表象。「如果沒有表象象徵的支持，我們就不可能完成一個運算，最抽象的數學家們也已經認識到，即使『直觀』沒有證明價值，也是未來發現必不可少的工具。」[38] 一九四二年德國數學家哥德巴赫提出偶數＝素數＋素數，即任何大於4的偶數都可以表示為兩個素數之和的形式。這就是著名的哥德巴赫猜想。在建立這一猜想的過程中，哥德巴赫觀察大量的偶數等於奇數之和的事實，在無矛盾的情況下得出了一般結論。所以最抽象的純數學也離不開表象直觀，儘管數學家的表象直觀可能遠遠高於普通人的理性，但是對於數學家來說，它依舊是直觀。

上述兩方面證明：「再現表象和預見表象對於新生的或較高的運算形式的動作發揮了幫助或至少是協助作用。」[39] 雖然它不是運算，但是，它畢竟在受運算控制的同時，以自己描述的形象，對運算產生影響。使運算能夠根據形象重建過去、預見未來。

叁・結　論

皮亞傑的形象理論，有濃厚的心理學色彩，這與皮亞傑是兒童心理學家有關。但是，這絲毫不能影響皮亞傑的形象理論研究，特別是對形象與形式理論關係問題的研究在哲學認識論上的意義。

皮亞傑在研究知覺與理性的關係和表象與理性的關係時，提

---

[38]　同[37]，p.678.

[39]　同[37]。

出了活動控制系列。這個系列表明，在形象和形式之間有一個重
要的中介環節，那就是感知運動階段的活動和運算水平的思維活
動。這一活動首先促成了圖式的建構。在與知覺的關係中，它支
配著知覺活動和場效應，後者形成了知覺。在與表象的關係中，
這一活動的內化又支配著信號功能的形成和發展，後者引起表象。
利用對活動控制系列的描述，皮亞傑得出了如下幾點結論：

（一）用活動控制系列證明，形象系列和形式系列是旁系關係。
活動控制系列的形成表明，從發生學來看，感知運動活動和圖
式，與知覺活動、場效應都是從反射活動和圖式分化而來，它們
的共同祖先是反射活動和圖式，正因為這樣，從知覺活動和場效
應不能派生出感知運動活動、理性活動以及圖式。恰恰相反，由
於從反射活動分化出來的感知運動和理性活動及圖式對知覺活動
和場效應有一種支配作用，前者在認識過程中邏輯在先，所以形
象系列的形成和發展依賴形式系列的發生和發展。

（二）活動控制系列所能得出的另一個結論是，由於知覺和表
象的產生各有其主，知覺由知覺活動產生，表象由信號功能產
生，所以至少就形式而言，從知覺不能派生出表象。換句話說，
知覺和表象雖然都處於形象系列，都有描述對象的功能，而且表
象比知覺更高級，但是它們在形式上有不可派生性。它們之所以
表現出一定的連續性有兩個原因。第一，它們都依賴形式系列。
後者把它們串起來，使它們具有連續性。第二，表象的內容是對
知覺內容的再建構，內容上的相對聯繫，導致它們之間的部分同
構性和連續性。

（三）雖然形象系列只是形式系列的一種積澱，但是，它在認
識中不是一個可有可無的因素。如果沒有形象系列的描述作用，

形式系列就無法建立對象。所以，形象系列儘管處於從屬地位，然而沒有它認識也是不可能的。當然不用說，沒有形式系列認識是不可想像的。

第三章　道德認識的起源
——發生認識論（三）

　　皮亞傑對道德理論的研究，是早期完成的。專門研究道德問題的著作只有一部，即《兒童的道德判斷》。該書是皮亞傑的早期著作之一，一九三二年首次被譯成英文。繼《兒童的語言和思維》之後，該書又一次使皮亞傑聲名大噪。

　　道德問題本應屬於倫理學範疇，我們為什麼把它歸入發生認識論呢？因為《兒童的道德判斷》主要不是研究道德範疇，而是研究這些範疇的原始發生，即研究兒童道德認識的起源問題。它與《兒童的判斷與推理》、《兒童的世界概念》、《兒童的語言和思維》、《兒童的物理因果概念》等研究一樣，都是從發生學的角度研究某種認識的起源。因此，筆者以為把它列入發生認識論是合情合理的。

　　皮亞傑對道德認識的研究是他早期研究工作之一。就方法而言，他對道德的研究具有鮮明的早期特點，也就是說，採用在巴黎期間掌握的臨床法。對於兒童道德起源和發展的研究，皮亞傑也劃分了若干階段，從這一階段的劃分，可以看到他在中後期對認識階段劃分的縮影。他也使用「同化」這一機制說明兒童的規則意識，不過沒有像中後期那樣，把它作為認識發展的重要機能之一。他使用「協作」而不是「平衡」一詞來描述兒童道德概

念，如「公正」概念的發展。對兒童早期道德認識的特點，皮亞傑經常採用「自我中心」一詞來描述。但是，對於這一術語的內含，沒有很明確的定義。然而無論怎麼說，我們都可以看出，皮亞傑早期的研究，與他成熟的結論沒有明顯的矛盾。而且從這些早期研究可以看出他未來研究的主要輪廓。本章準備介紹皮亞傑道德理論的四個主要問題。

壹·道德認識起源於遵守規則

對於兒童道德起源的研究比認識起源的研究更爲困難。皮亞傑在撲朔迷離的兒童世界中，首先抓住了規則遊戲這個環節，從中引出遊戲的規則，並從兒童對規則的認識和遵守規則引出了兒童的協作，協作產生責任感，責任感產生道德感。顯然皮亞傑對兒童道德起源的研究至少採取了極爲巧妙的角度。

皮亞傑在許多著作中都說過，遊戲是兒童期的主要活動，與兒童生活、認識的方方面面有著不可分割的聯繫。可以說，沒有遊戲就沒有兒童思維的正常發展。根據皮亞傑的研究遊戲可以分爲四類：練習性遊戲、象徵性遊戲、帶有規則的遊戲、構造性遊戲。前兩種遊戲主要是個人行爲，它們的動因是功能性快感，而且主要是爲了滿足情感方面的需要。後兩種遊戲具有社會性功能，其中，尤以有規則的遊戲與道德起源有更直接的關係。

一、關於遊戲規則

皮亞傑指出，兒童帶有規則的遊戲，構成了一個最好的社會制度。它有一套法則和裁判規程。如果我們想要理解兒童的道德

如何發生，顯然必須從兒童如何認識乃至遵守規則開始。因為「一切道德都是一個包括有許多規則的系統，而一切道德的實質就在於個人學會去遵守這些規則」❶。皮亞傑明確地說，他的工作就是在兒童心理學領域之內，分析兒童「怎樣」學會遵守這些規則。而這些分析勢必從遊戲開始，因為遊戲是兒童期最基本的活動，也是兒童與兒童、兒童與成人發生規則關係的起點。

關於規則遊戲，有兩種現象比較容易研究：第一，規則的實踐，第二，規則的意識。它們之間的關係最能使我們說明道德現實的心理性質。但是，在說明規則實踐之前，首先必須對與規則有關的問題作出說明。

研究規則必須注意三個基本事實。

（一）在某一時代、某一地方的兒童，對於有規則的遊戲有五花八門的玩法，每個兒童都熟悉幾種遊戲。

（二）同一種遊戲，如打彈子遊戲中的四方形遊戲，在不同的地方和不同的時間，可能有相當重大的變化。如四方形遊戲規則在納沙特爾彼此相隔不過二、三公里的四個社區就不一樣。日內瓦與納沙特爾也不一樣。此外，皮亞傑還得知，一代人與一代人之間也不相同。

（三）同一遊戲在同一學校的遊戲場上可以應用不同的規則。大一點的兒童一般都熟知同一遊戲的各種規則，在遊戲之前，他們首先選擇一種規則，求得大家的同意，這是合法性的前提。

在規則遊戲中有一套與規則相應的習慣用語。如奉獻儀式用語，遊戲者用奉獻儀式化用語宣稱，他將進行某種遊戲。遊戲者

---

❶　《兒童的道德判斷》，山東教育出版社，1984年，頁 1。

一旦說出這種用語，對方就無法反對他的決定了。但是，如果對方率先運用禁令儀式用語，就將阻止遊戲伙伴進行他所不喜歡的遊戲。於是，奉獻用語和禁用語就成為保證遊戲順利進行的一種共識。當某一遊戲者戰勝了所有的同伴，贏得了全部彈子時，他應該再來一盤，並且應該拿出一些彈子放在四方形裡面，讓運氣不好的同伴有機會贏一些球。如果他拒絕這樣做，遊戲可以結束，但是，只要有一個同伴喊一句習慣用語，所有的人都蜂湧而上，掏空這個走運的傢伙的口袋。這種搶奪行為在正常情況下是違背道德的，但是，一旦使用習慣用語，這種搶奪行為就成為報應性的公正行為，而且每個人都不受良心責備。此外，遊戲還有一些特殊規則，是否遵守這些規則要看情況。

皮亞傑對規則問題做了如下概括：「上述這些規則構成了一種明顯的社會現實，（按照涂爾幹的說法）它是『獨立於個人之外的』，並且像語言一樣，是一代一代傳下去的。這套習俗顯然帶有伸縮性。但是，個人的革新只有當它符合一般需要時，也只有當它得到集體的同意，認為它符合『這種遊戲的精神』時，才會獲得成功。」❷ 闡明了規則及其特點後，皮亞傑認為必須提出兩個問題：（1）個人怎樣適應這些規則，即，他們在每個年齡的每個心理發展階段怎樣遵守這些規則？（2）他們能夠意識這些規則到什麼程度，換言之，隨著練習的不斷升級，將產生什麼樣的責任？第一個問題是規則的實踐，第二個問題是規則的意識。

二、規則的實踐

皮亞傑對於規則的研究是從階段性劃分開始的。他認為，從

規則實踐或應用的觀點來看，可以分四個連續的階段。第一個階段，是具有純粹運動性質和個人性質的階段。第二階段爲自我中心階段。第三個階段爲協作階段。第四個階段爲編輯成典階段。這四個階段的劃分至少在年齡特徵上與認識發展階段相符。需要說明的是，《兒童的道德判斷》是皮亞傑的早期著作，當時他尚未形成完整的認識發展階段理論。對於兒童道德判斷的階段劃分，表明皮亞傑在研究初期便有對認識進行階段性研究的意向，觀其畢生的著作，他對於認識的階段性研究基本上是首尾一致的。

第一、二階段

　　皮亞傑指出，第一階段是 $0 \sim 2$ 歲。就彈子遊戲而言，在第一階段兒童是按照他的欲念和運動習慣彈子。這一階段與道德問題的研究沒有直接的關係。但是，由於第一階段的出現，兒童逐漸形成了一種多少帶有儀式化的圖式。這時的遊戲是個人玩的，如果說運動有什麼規則的話，那也是個人的運動規則，與集體規則不是同一類型。

　　傑奎琳拿著彈子，好奇地審視它們。她先讓它們落在地上，又把它們拾起來放在扶手椅的凹陷處。然後再讓它們從一定高度落下去，再拾起它們。這種運動重複多次。在後來幾天，她把球放在扶手椅子上，或者放在鍋裡做燒飯遊戲等等。

　　皮亞傑說，對這些事實應該注意三點，第一，「在行爲的順序中，沒有連續性和方向性。兒童一開始無疑試圖了解彈子的性質，並使他的運動圖式適應這個新的現實。」❸ 這時的遊戲隨意

---

❸　同❶，頁22。

性很大,「所以, 這時的遊戲, 一般地講來, 是沒有規則的。」
第二,「在遊戲的細節中, 有一定的一致性, 因爲顯然在兒童行
爲中的某些特殊動作很快就圖式化, 乃至儀式化了。」❹ 從扶手
椅的凹陷處取出彈子, 開始是嘗試性的, 但是, 不久就成爲與彈
子知覺相聯繫的運動圖式了, 幾天以後, 這種動作就成爲儀式化
的慣例。這時她顯然有興趣玩, 但是, 已經不做出新的努力去適
應這種情況了。第三,這個遊戲有一種象徵主義 (symbolism)。
皮亞傑解釋說, 這裡所用的「象徵」一詞, 是索緒爾語言學意義
上的, 與符號 (sign) 一詞相反。符號是任意的, 而象徵受一種
內動力推動。問題是遊戲規則是來源於這種儀式的慣例, 還是來
源於一種已經成爲集體所有的符號體系?

　　皮亞傑指出, 從發生學來看, 一個普通的活動過程變爲儀式
般的慣例, 是同化與順應的結果。「而這種習慣行爲無疑乃是未
來遊戲規則的前身。」「至於符號, 它們是作爲習慣動作的後果,
在 1 歲末出現的。」❺ 因爲慣例般地重複一定姿態, 使兒童逐漸
意識到這是一種「假裝的」行爲。在假裝的行爲中已經有一種
遊戲的符號。不能把彈子遊戲看作許多個別符號和慣例積累的結
果。「個別的慣例和個別的符號乃是構成規則和集體記號的基礎結
構, 乃是它們的必要條件, 而不是充足條件。」❻ 個人的習慣十分
自然地會發展爲較爲複雜的象徵體系。而象徵是符號出現的必要
條件。我們在第一章講過, 在皮亞傑那裡, 符號是獨立的中介,
是集體的、一般的。而象徵則與信號化事物未分化, 它是個人

❹ 同❶, 頁22。
❺ 同❶, 頁25。
❻ 同❶, 頁26。

的。二者相去甚遠，如何從象徵走向符號呢？皮亞傑指出，必須在遊戲中有兒童之間的相互模仿。一旦有了相互模仿，便開始產生規則。從第一階段雖然不能直接研究道德問題，但是，它無疑是一個重要的準備階段，如同長江大橋的引橋一樣。它與後來階段的眞正聯繫在於它形成了一些慣例或儀式，這些慣例和儀式是未來規則的雛型。「我們要重複地說一下：在共同進行遊戲之前，並不存在眞正的規則。雖然這時已經有了規則性和慣例的圖式，但是，這些慣例乃是個人的工作，它們不能引起兒童對於超越自我的人物的順從，而這種順從乃是規則出現的特點。」❼

　　第二階段自我中心階段，大約出現於 2～5 歲。自我中心是在純粹的個人行爲和社會化行爲之間的一種中介行爲形式。這個時期兒童的語言和思維有了重大發展。特別是語言的出現，使兒童與成人發生了語言交流。由於世界是年長者的世界，語言一經產生，年長者便開始用語言支配兒童，對兒童產生影響，就這一意義而言，兒童從語言產生起，便開始社會化了。但是，另一方面，兒童與成人不是一種平等的關係，這使兒童與成人之間不能達到協作狀態。這便導致兒童思想的孤立，使兒童處於自我中心狀態。在智力上是這樣，在遊戲中也是這樣。兒童一方面受年長者從外面強加於他的一整套規則和範例的支配；另一方面，由於他和長者不平等，所以他意識不到需要利用把握四周的社會現實時已經獲得成功的東西。仍以四方形爲例，皮亞傑在這一遊戲中發現了自我中心狀態。

　　幾個同齡兒童在同一房間裡，並且通常一同玩四方形遊戲。

---

❼　同❹，頁29。

但是這個年齡的兒童很少能彼此理解。他們不僅有完全不同的規則，而且在一起玩時，都不注意對方的行動，卽使在同一遊戲內，他們也並不要求彼此規則統一。事實上，每一個人都不想占另一個人的便宜，每個人都在玩他自己的遊戲，他們努力彈中四方形內的球，試圖取得他們自己心目中的勝利。這說明，兒童雖然在一起遊戲，卻是個人玩個人的。這與兒童在語言上的自我中心完全相同。「這顯示了這個階段的特徵。孩子是自己一個人遊戲。他的興趣絲毫也不是要和他的同伴競爭，也不是要用共同規則來約束自己，從而決定誰戰勝了誰。他的目的不同。他的目的的確具有兩重性，正是這種混合的行為說明了這個階段的自我中心現象。」❽這種混合行為背後的心態是，一方面，他渴望像其他兒童，特別是年長兒童一樣遊戲，另一方面，他極力想證明自己的玩法正確。他只熱衷於自己所學到的那些本領。在這種遊戲中，兒童最大的快樂是發展自己的技巧，執行他為自己訂下的新規則。「這基本上是一種運動性愉快，而不是一種社會性的愉快。」❾因為在遊戲中同伴做什麼無關緊要，規則細節是什麼無關緊要，遊戲者之間並沒有真正的接觸。「這句話就是自我中心遊戲的一個公式。」

第三、四階段

第三階段出現於 7～8 歲。到了 7～8 歲的年齡，兒童在遊戲中便出現了一種互相了解的願望。「這種需要了解的感覺便是第三階段的特點。」❿第三階段出現的標準是，兒童把取用當作

---

❽ 同❶，頁36。
❾ 同❽。
❿ 同❶，頁38。

占了別人便宜，卽取用就是贏球。但是，贏球不是把球彈出四方形而不管同伴如何看待這一結果。事實上，兒童，卽使較大的兒童，都不認爲他比對手多贏幾個球有多麼重要。單純的競爭並不是遊戲在情感上的動力。兒童在遊戲中注重遵守共同規則，與同伴進行「公平較量」。「因此，遊戲的特殊愉快就不再是肌肉性質的和自我中心的，而成爲社會性的了。因此，彈球遊戲和進行言語討論具有同樣的作用：競爭雙方要互相評價，按照遵守共同規則的情況，得出一個爲大家都承認的結論。」⑪

　　第三階段的兒童起初並不知道規則的細節，但是，由於他們對遊戲的興趣不斷增加，他們便試圖學習這些細節。然而他們對於規則細節的運用有很大的分歧。在這種情況下，他們或者模仿那個似乎知道這個遊戲最多的兒童，也就是模仿權威人士，以求得對規則的共識，或者刪去有爭議的規則，運用大家彼此一致的規則。後一種方式更爲常見。皮亞傑由此斷定，在第三階段，「兒童的主要興趣已不再是屬於心理—肌肉方面的了，而是屬於社會方面的了。換言之，運用手工上的靈巧把一顆彈子彈出四方形外，它本身已不再是目的了。現在的問題不僅和別的兒童戰鬥，而且基本上運用一整套有系統的規則去協調這個遊戲，以保證所運用的方法具有最完整的互惠作用。所以遊戲就變成了社會性的了。我們之所以說『變成了』，是因爲遊戲者之間存在著眞正的協作。」⑫

　　協作是兒童遊戲社會化的標誌。在協作中共同承認的規則，是個人以外的東西。遵守規則體現了自我的良知。然而第三階段

---

⑪　同⑩。

⑫　同❶，頁43。

的協作在很大程度上又存在於意向中。遵守共同法則就是誠實的人，但是做一個誠實的人還不足以使自己認識法則，甚至不足以解決其體的道德經驗中所發生的一切問題，他最多只能爲自己創造遊戲中的「臨時道德」，還沒有能力在一切可能發生的情況中制定規則。但是，第三階段畢竟出現了求同存異的協作意向和與此相應的臨時道德。

第四階段大約出現於11～12歲之間。它與第三階段的差別只是程度問題。第四階段的兒童已經完全掌握了遊戲規則。他們在遊戲中不僅尋求協作，而且特別願意設想一切可能的情況，並爲這些情況制定規則。在這個過程中，他們悉心就原則或程序上的問題進行法理上的討論，而這種討論有時可能是由於爭執而誘發的。「在整個第四階段，主要興趣是對規則本身的興趣……兒童樂意玩這些複雜的遊戲，這個事實就證明了，兒童追求的目的是這些規則本身。」⓭

總之，規則實踐的四個階段的基本標誌是(1)純個人的規則性；(2)以自我爲中心地模仿長者；(3)協作；(4)對規則本身感興趣。

三、規則的意識

皮亞傑認爲，規則意識的產生經歷了三個階段。第一階段與規則實踐的第一階段相同；第二階段從自我中心階段開始，在協作中期結束；第三階段包括協作階段的其餘部分和規則系統化階段的全部。

⓭ 同❶，頁49。

對於規則意識，皮亞傑所確定的主要問題是 (1) 在集體賦予
兒童規則意識之前，純個人的規則性是否產生規則意識？ (2) 如
果是這樣，成人的命令對這種意識產生了影響嗎？ (3) 規則意識
與道德。

第一階段：純粹個人階段

在第一階段，兒童按照自己的方式玩彈子，只是爲了滿足他
的運動興趣或他的象徵性想像。兒童在遊戲中爲了使自己愉快而
發明了一些慣例。這些慣例很快就被圖式化了。個人圖式怎樣和
規則意識相對應？ 他首先說明規則形成的一些途徑。 皮亞傑認
爲，嬰兒生活在世界中，周圍的一切事物都要在規則方面對他產
生影響。可以說兒童生活在一個充滿規則的世界中。例如，某些
自然現象 —— 日夜交替、散步時風景相同 —— 有規則地出現，使
他逐步意識到有一種法則。父母要求他有規律地進行日常活動，
如按時就餐、準時上床、保持清潔等，這一切頗有執行某種道德
義務的意味，「是取得進一步規則性的根源。」這些人爲的規則
性與外界的規則性完全聯繫在一起，而且在兒童看來是不可分割
的。如果把兒童的規則意識看作一種形式結構，那麼兒童個人對
規則的發明，在自然界中的發現，以及成人賦予兒童的東西就無
法區分。然而，如果對年長兒童的慣例進行分析，還是能夠發現
一些根本區別的。由這些區別可以看出，慣例和規則如何萌發了
道德義務感。一方面，在第一階段，兒童把某種行爲慣例化了。
要是沒有其他因素干預， 這些慣例就僅僅是一些運動規則。 但
是，一個簡單的遊戲如果與某種公約發生聯繫，這種公約是社會
性的，是從他與別人的契約中演化而來的，只有這時，才會產生
義務感。另一方面，一些規則無論怎樣產生，都受社會環境的制

約，或爲社會所贊同，或爲社會所禁止。這種情況也會附加一些
義務感。還有，當兒童接受他們尊重的人、成人或同輩的指令
時，也會出現義務感。而且從道德教育的角度來看，皮亞傑更強
調由尊重產生義務感。

　　皮亞傑一般地敍述了由慣例產生規則。規則在契約、社會環
境和兒童對他人的尊重等條件下產生義務感之後，提出了與第一
階段密切相關的問題：在第一階段，規則意識達到了什麼程度？
他斷定，第一階段，兒童從事純粹個人的慣例動作。從慣例性的重
複中獲得快感。並且把重複的動作變爲圖式。慣例圖式使他懂得
了有些事情因爲符合慣例，所以可以做，有些違背慣例就不可以
做。在充滿慣例的階段中，卽使是一些最簡單的事情，如睡眠、
進餐方式和日常行爲等都充滿了禁忌和許可，使兒童不可避免地
負有一定的義務感。可以肯定地說，第一階段，兒童已經有了與
規則意識相應的義務感。

第二階段：規則神聖不可變

　　大約 2～10 歲兒童的規則意識進入了第二階段。這個階段的
兒童的義務規則是神聖不可侵犯的，是從成人那裡產生的，是永
久不變的。如果誰建議改變規則，兒童就認爲這是一種犯罪。皮
亞傑認爲，當兒童通過模仿或由於語言交流的結果，開始按照他
從外面接受的某些規則進行遊戲時，他就進入第二階段了。

　　皮亞傑利用三個問題分析第二階段規則的意識：（1）規則能
否改變？（2）規則總是和今日的規則一樣嗎？（3）規則是怎樣開
始的？

　　實驗結果表明，「第二階段一旦開始，卽，當兒童開始模
仿別人的規則時，不管他的遊戲在實踐中多麼自我中心，他立卽

認爲這些遊戲的規則是神聖不可侵犯的；他不僅不肯改變這些規則，而且還宣稱，對於規則的任何更改（卽使這些更改取得了大家的同意）都是錯誤的。」⑭爲什麼兒童認爲規則神聖不可改變呢？皮亞傑做了進一步實驗，在實驗中他問一個處於第二階段的孩子，他如何知道彈子球的規則的？孩子認爲，是爸爸敎給哥哥，哥哥又敎給他的。問規則是誰發明的，「是成人紳士。」問「誰先出生，是爺爺還是爸爸？」「是爸爸。」在納沙特爾問誰的年齡最大，答：「上帝！」「上帝比你爸爸年齡還大嗎？」「不怎麼大。」「現在的玩法公平嗎？」「是的。」「能改變嗎？」「不能。」這一番對話很有意思。首先，它說明兒童認爲規則是神聖的，不能改變。其次，它們之所以不能改變是因爲這些規則是成人紳士制定，是爸爸傳授的。第三，關於父親和爺爺年齡的倒錯，關於父親和上帝同齡的看法，看上去似信口開河，實際上等於說，「他把這些規則的產生歸功於他的父親……把規則當作是神權授予的……另一方面，又認爲這些規則和他心目中的世界開端，大致是同時產生的。」⑮實際上，皮亞傑由這些實驗斷定，兒童之所以認爲規則是神聖的，是因爲它們帶有父親權威的性質。父親比爺爺大，與上帝同齡，意指父權與神權的混合。如果到此爲止，並不能顯示出兒童的「自我中心狀態」，至多只說明，兒童對規則的態度有宗敎神祕主義。自我中心的特點不僅僅是盲目服從，還有以自我爲中心，後者更爲重要。皮亞傑在隨後的實驗中發現，雖然兒童尊重規則到了神聖化的地步，可是，他們或多或少地在應用規則時自己取樂。在取樂中，他們常常改變規則。但是，他們

⑭　同❶，頁54。

⑮　同❶，頁56～57。

卻認爲自己改變過的規則與過去定型的規則是相同的，而且也是由成人或父親的權威確立的。還有的兒童把自己改變的規則看作神靈的啓示等等。一旦告訴他們這些規則只是他們自己的杜撰，他們便立卽採取了輕視自己發明的態度，卽使他的發明得到了認可，他也不承認它是正確的。

皮亞傑對於規則意識的自我中心做了這樣的分析：幼稚的自我中心並不是非社會性的，它總是和成人的制約並行的。它是只與協作相關的前社會性現象。在一切領域內，必須區分兩類不同的社會關係：制約關係和協作關係。制約關係只有單方面的尊重因素，卽，有特權和權威。協作關係是平等的關係，它有人與人之間平等的交談和對話，這種平等使人的社會化程度大大提高。協作關係只有到了較高級的階段才出現。在第二階段只有制約性的關係。「制約和幼稚的自我中心總是關聯在一起的。的確，因爲兒童不能與成人建立眞正的互相接觸，兒童便繼續使自己封閉在自己的自我之中。」⓰ 因此，「在道德規則方面，兒童幾乎完全有意服從那種爲他們制定的規則，但是，這些規則始終是處於主體的良知之外的，而沒有轉變成爲他的行爲。這就是爲什麼兒童雖然把規則視爲神聖的東西，但他卻並沒有眞正實行它們的道理。」⓱

第三階段：規則是相互同意而制定的法律

這個階段大約在10歲以後出現。如果你是一個誠實的人，你就必須尊重相互同意而制定的法律，如果大家都贊同你的意見，你也可以改變這些規則。處在第三階段的兒童認爲，遊戲規則已經不再是外在的法律，也不再是由於它是成人或長者所制定便是

⓰ 同❶，頁64。

⓱ 同⓰。

神聖不可改變的。他們認爲，規則是自由決定的結果，而且它們已經獲得彼此的同意，因而值得尊重。皮亞傑認爲，這是一個極大的改變，這種變化可以從三個相互伴隨的象徵中看到：

（一）只要某種變化獲得了全體同意，兒童就允許改變這個規則。這時全體認可，是規則獲得合法性的標準。而且只要全體認可，改變規則就是一種符合道德的行爲。皮亞傑用很戲劇性的語言評論說，這是「民主隨著神權和老人統治之後而出現：再也沒有言論罪了，只有程序上的破壞，只要擁護者用合法的方法說服別人接受他們的意見，那麼所有的意見都是可以寬容的」**⑱**。第三階段的兒童不像幼童那樣依賴於一種全知全能的傳統。也不再認爲過去已經把一切事情安排得十分妥當了。他們不想爲了躲避困難，對現成的秩序採取宗教式的尊重。換句話說，對規則採取了更民主、更理智的態度。

（二）兒童已經不再根據現存事實而把規則視爲永恆的和一代一代原封不動地相傳下來。皮亞傑在實驗中問一個叫布拉斯的孩子一些問題，這個孩子認爲，彈球遊戲在宗教改革時代開始，遊戲規則是人們自己發明的，先發明了四方形遊戲規則，後來又發明了直線遊戲規則。當皮亞傑邀請他制定當時的遊戲規則時，他欣然同意。由於規則不太好，遊戲十分困難。於是，他又想出了另外一個規則。當被問到哪個規則最公正時，他回答說：「兩個一樣公正。」

（三）他關於規則和遊戲的來源的觀念，與皮亞傑及其同僚的想法沒有什麼不同。他們都認爲規則不是成人訂的，而是兒童在

---

⑱ 同**❶**，頁68。

遊戲中自己訂的。羅斯就宣稱他和伙伴在遊戲中經常制定一些規則然後再遊戲。當問及他新規則是否公正時，他認爲，如果大家都這樣玩，它就是眞正的規則，就是公正的。因此，規則產生的渠道是個人發明，大家認可（或否定），然後再制度化，遵守規則就是公正的、道德的。

　　皮亞傑認爲，對遊戲性質及其與之相應的規則的分析表明，規則遊戲似乎蘊涵著三類規則。第一類，純運動規則，「它來自語言前的運動智慧，其中沒有任何社會聯繫。皮亞傑所說的傑奎琳擺弄彈球的遊戲，就是遵循這種運動性的規則。而運動性的規則的寓所是動作水平的同化和順應。早期的動作規則是否伴隨著一種義務的意識或一種需要規則的感覺呢？皮亞傑說：「我不以爲然。」因爲，「如果沒有有助於智慧形成的規律，那麼義務的意識也不僅只是對規律的感知，其中還有一種尊重感和權威感，而這種感覺……是不能單從個人產生的。」⑲它必須從社會因素產生。社會因素是多方面的，其中成人對兒童的約束是最主要的社會干預。兒童在遊戲中對物的興趣遠不如對人的興趣。而對人的興趣中，對成人的興趣或者長者比對同代人更有興趣。這種兒童與成人或長者的關係是不平等的，它只有兒童對成人或長者的單方面尊重。由於有這種尊重，兒童在遊戲中，逐漸從遵守運動性規則變爲遵守強制性規則。因此，由於成人或長者對兒童的單方面約束，和兒童對成人或長者的單方面尊重，就形成了第二類規則，強制性規則。年幼的兒童遇到一些年長的兒童，後者按一定規則遊戲，他立刻就感到，自己也應該以同樣的方式遊戲；

---

⑲　同❶，頁99。

他立即把那些大於他的兒童的許多習俗和義務置於同一水平上。這些規則對他像對其他習俗和義務一樣，具有強制性。他感到「如此模仿來的規則是某種具有強制性和神聖性的東西」❷。換句話說，由於強制性和單方面尊重使兒童產生了尊重感、權威感以及與之相應的義務感。

單方面尊重和相互尊重之間有許多中間階段。約束從來就不是純粹的，尊重也不完全是單方面的。一個最服從的兒童也能感到，即使最有權威的關係中也有相互之間的同情。權威和同情的比例時有變化，等到兒童長大時，彼此之間的同情便成爲理解和協作，這是理想的平衡狀態。與此相應，便出現了第三類規則，即相互尊重和理性的規則。

相互尊重不是單方面尊重之和，它已經超越了以約束和自我中心爲特徵的階段。相互尊重乃是在兒童與成人、幼童與年長兒童之間消除差別。協作便產生組成的規則，組成性規則依賴於互相同意。由相互同意產生的規則便是道德規則。儘管規則本身僅與遊戲有關，但是，遵守規則卻使兒童產生了某種道德義務。這樣遊戲規則不僅對遊戲本身具有法律效力，而且對於兒童的行爲起一種道德規範的作用。道德就是這樣產生的。

貳・道德判斷的發展趨勢
── 從他律到自律

皮亞傑指出，對於遊戲規則的分析表明，兒童早期把規則看

---

❷　同❶，頁101。

成是約束性的，而且認爲，它不是不可違反的。這種規則的約束性質使兒童產生了客觀責任感。因此，「兒童責任感最早期的形式實實上是他律的形式。」❷ 隨著年齡的發展，隨著兒童之間協作的增加，兒童的道德他律逐漸變爲自律。

一、道德的他律和道德實在論

按照皮亞傑的說法，對兒童道德的研究，是件十分困難的事，尤其是研究與道德問題密切相關的兒童與成人的關係時，有許多技術上的困難，爲了使研究得出科學而中肯的結論，「研究將限定於規則的意識方面，甚至僅限於這種規則意識的最爲明確和最爲確定的部分 —— 與實際經驗中所出現的判斷相對的理論上的道德判斷。」❷ 道德他律，實際上也是指道德判斷的他律。

道德實在論與他律

根據皮亞傑的描述，所謂道德判斷的他律，是指兒童與成人的關係只是兒童單方面地尊重成人和長者，兒童被動地接受來自他們的道德準則，由於二者之間缺乏協作和溝通，所以兒童只能從字面上理解他從外部接受的規則。這就是他律的特點。兒童道德他律是人所共知的事實，無需做進一步的說明。其實，對於兒童道德他律的研究，重要的並不是解釋他律問題本身，而在於說明，道德他律造成的後果。皮亞傑認爲，道德他律所造成的直接後果，就是使兒童的道德判斷呈現出「道德實在論」的傾向。「我們所講的道德實在論是指這麼一種傾向，即兒童不得不把責任和附隨於責任的價值看成是自在的、不受內心支配的，而且不

---

❷　同❶，頁124。
❷　同❶，頁123。

管個人處於什麼樣的地位，他都不得不如此看待它們。」㉓因此，道德實在論至少具有三個特點：(1)從道德實在論來看，責任本質上是受外界支配的。任何服從於規則或成人的行動都是好的，而無論成人命令是怎麼回事；任何不符合規則的行動都是壞的。所以，規則不是由內心創造、判斷或解釋的某種東西，它本身是給予的、現成的和外在於心靈的。是成人強加於他的。所以「好」就被嚴格地定義爲服從。(2)道德實在論要求遵守規則的詞句，而不是它的精神。這個特徵來源於第一個特徵。人們可以把它看作是一種他律道德原則，其基礎是規則的精神，而不是規則最嚴格的內容。這樣一種態度已經不是現實主義的，它傾向於理性主義和人的靈性。然而，與此相反，在兒童演進剛開始的時候，成人的約束造成了一種字面上的實在論。(3)道德實在論導致客觀的責任感。人們甚至可以把這一點作爲實在論的一個標準，因爲這種對責任的態度比它的前兩種態度更容易預測。既然兒童只注意規則的字面意思，並且只認爲服從就是「好」的，所以開始時，他評價行爲將不是根據激起行爲的動機，而是根據行爲是否嚴格地符合現有規則。

　　爲了證實兒童道德的實在論傾向，皮亞傑設計了一系列實驗。

　　第一套，對笨手笨腳的後果進行判斷。皮亞傑認爲，笨手笨腳是兒童最常見的行爲。兒童常因笨手笨腳損壞一些東西，引起周圍成人的憤怒。設計這樣的試驗，兒童容易理解。笨手笨腳的故事分爲兩類，一類完全是偶然的，甚至出於好意的行動卻造成很大的物質損失，另一類並非出於好意，但是造成的物質損失小。我們選擇其中的兩組故事。

㉓　同❶，頁125。

第一組:

　A. 一個小男孩在自己的房間裡，家裡人叫他吃飯。他走進餐廳。但是，餐廳門後面有一把椅子，上面放著十五只杯子。他不知道門後面有東西，推門進去，門撞倒托盤，把十五只杯子全撞碎了。

　B. 有一個男孩子，一天母親外出。他想從碗櫥裡拿一些果醬。他爬到椅子上，伸手去拿，因為果醬放得太高，他在試圖取果醬時，碰倒了一只杯子，結果杯子打碎了。

第二組:

　A. 有一個小女孩想使母親高興，於是便替母親裁布，但是，她不會用剪子，結果把自己的衣服剪了一個大洞。

　B. 一個女孩在母親外出時拿出母親的剪子，她玩了一會剪子，因為她不會用剪子，結果把自己的衣服剪了一個小洞。

　皮亞傑對這兩組故事提了兩個問題：(1) 這些孩子的過失是否相同？(2) 兩個孩子哪一個更壞？為什麼？

　皮亞傑對相當數量的兒童進行測試，發現 6～10 歲的兒童有兩種類型的回答。一類只根據物質的後果來進行評價，不考慮動機；另一類只考慮動機。平均 7 歲左右的孩子表現為第一類，9 歲以上的孩子表現為第二類。實驗結果表明，儘管每個孩子都理解了故事的內容，但是，7 歲左右的孩子們對於打碎杯子的故事，得出完全一致的結論。他們都認為，打碎十五只杯子的孩子過失大，應該受到重罰；而因偷吃果醬打碎一只杯子的孩子過失小，應該輕罰。關於剪破衣服的故事則認為，剪大洞的孩子應受重罰。「儘管他們對於故事以及故事的主要意圖有了很好的理解，但是，他們還是重視物質後果，而很少考慮那些間接地造成這些

物質後果的意圖。」⑳ 這就是所謂的「客觀責任」。

那麼，客觀責任判斷是如何形成的？毫無疑問，是成人施加影響的結果。不論成人是通過語言的方式（告誡兒童應該如何如何），還是實質的方式（如發怒、懲罰等）將規則強加於兒童，對於兒童來說，這些規則都構成了絕對責任。而絕大多數成人無論是責備，還是懲罰，總是根據客觀責任進行處罰。一般家庭主婦，尤其是不太寬裕的階層，對於打碎十五只杯子，比打碎一只杯子更感到憤怒，乃至於完全不考慮過失者的動機。因此，客觀責任「不僅產生於心靈以外的或成人的命令，而且成人本身就是榜樣」。

平均9歲以上的兒童基本上是以「主觀責任」爲準則判斷過失的大小，如剪破衣服的故事，大孩子認爲，爲了讓母親驚喜的女孩，雖然把衣服剪了一個大洞，但是她應該受到輕罰，因爲她的意圖是好的。而那個趁母親不在偷玩剪子的孩子，雖然把衣服剪了一個小洞，但是應該受到重罰，因爲她不應該偷玩剪子。

主觀責任感是如何出現的呢？「要以協作和互相尊重爲先決條件。」因爲兒童若是和周圍的人產生情感和思想上的共鳴，逐漸與他人的觀點產生協調，並且努力與周圍的人和睦相處，而不是被動地服從，他才能感受到意圖的重要性，並且根據意圖進行判斷。「所以，考慮意圖要以協作和互相尊重爲先決條件。」㉕ 皮亞傑認爲主觀責任感的出現，大約有三個條件。

（一）爲了清除兒童的道德實在論，使兒童出現更高層次的主觀責任感，人們必須把自己置於兒童的地位，強調自己的責任和

⑳　同❶，頁146。
㉕　同❶，頁158。

不足，設身處地理解兒童，使兒童產生平等感。這樣就造成了互相幫助和互相理解的氣氛。兒童便會漸漸發現，自己並不是處於一個習慣上和表面上服從的命令體系中，而是置身於一種平等的社會關係體系中，其中每個人都盡自己最大的努力，以履行同樣的義務，這麼做，不是被迫，不是單方面的敬畏，而是出於互相尊敬。

（二）如果做父母的不注意考慮這些問題，如果他們發布自相矛盾的命令，並且施加自相矛盾的懲罰，兒童就會感受到其中的矛盾之處，由於對這些道德強制的反作用，兒童會逐漸地關心意圖問題。這大約是切身之痛後的反思吧。在這種反思中父母成了反面教員！

（三）如果兒童在他的兄弟姐妹，或他的遊戲伙伴中發現一種新的交往方式，在這種方式中沒有強制約束，只有協作和相互同情，久而久之，他將產生一種新型的道德，一種互惠而不是服從的道德，一種以考慮意圖和主觀責任為主的道德，這就是所謂道德的自律。

皮亞傑指出：「即使不能把客觀責任與主觀責任嚴格地說成是兩個相繼階段的特徵，但它們至少界說了兩個性質截然不同的過程，平均地說來，在兒童的道德發展中，其中的一個過程先於另一個過程，雖然這兩個過程有部分的同步性。」[26]

道德實在論與自我中心

成人的約束形成了兒童道德實在論的傾向，與此同時，也產生了兒童道德判斷的另一個重要特徵：自我中心狀態。這是道德

---

[26] 同❶，頁141。

他律和自我中心的相互關係問題。爲了證明二者的關係，皮亞傑設計了第二套故事——關於說謊的故事。對於說謊的判斷，可以弄清兒童評價的祕密。而且「說謊的傾向是自發的和普遍的，以致我們能夠把它看成是兒童自我中心思想的一個本質部分。因此，兒童中的說謊問題是自我中心態度對成人道德強制的抑制」❷。對說謊的研究主要集中於如下幾點：謊言的定義；責任隨著謊言內容變化；責任隨著謊言的物質後果變化；兒童之間可以說謊嗎？爲什麼不應該？

謊言的定義。這個問題同客觀責任和道德實在論問題有聯繫。在這個問題中所要搞清的是，兒童是否理解說謊是故意和有意違背道德眞實。測試結果表明，兒童的回答具有純粹的實在論特徵。可以把兒童的回答分爲三種類型：第一種類型，謊話就是頑皮話。被詢問的兒童清楚地知道，謊言就是沒有說眞話，但是，他們在定義謊言時，卻用了「頑皮話」。皮亞傑認爲，這不是語言上的混淆，「只是離奇的擴充了『謊言』這個詞的意義。」說謊是用語言手段犯了一個道德錯誤。實驗表明，6歲左右的孩子，不可能客觀地敍述一件事，總有一些渲染和或大或小的誇大，這種做法常常引起周圍人，特別是父母的不滿。這樣他便得出結論，有些是可以說的，有些是不可以說的。不可以說的話就是頑皮話，即謊話。這說明，「不許說謊」的禁令，是外在於兒童的道德的。兒童牢記不許說謊，卻不知道謊言的眞正含意。因此，不許說謊是客觀責任。

第二種類型，謊話是錯誤。問兒童 $2+2=5$ 是謊話嗎？

---

❷　同❶，頁160。

「是。」「爲什麼？」「因爲它不正確。」「這個孩子知道它不正確還是出了一個錯？」「他是出了一個錯。」「如果他出了差錯是不是說謊呢？」「是的，他是說了謊。」「是頑皮話嗎？」「不是。」

皮亞傑由此得出如下結論：(1) 兒童在實際生活中能夠或多或少地區分有意的行爲和無意的錯誤。(2) 兒童不能在道德反省的水平上把它們區分開來。從以上的例子我們可以看出，雖然兒童能夠區分錯誤與謊言，但是在進行道德判斷時，錯誤仍然被認爲是謊言。換句話說，兒童以純粹客觀的形式定義謊言：卽它是不符合事實的一種斷言；而且，卽使兒童能夠在語言陳述中辨認有意的錯誤和無意的錯誤，他還是把這兩類都歸入謊話的範疇。

第三種類型，能夠做出正確的定義或正確的謊言定義：任何有意圖的、錯誤的陳述都是謊話。直到10～11歲左右，兒童才出現這種形式的定義。故事：一個小孩打碎一只杯子，後來他說是貓打碎的；一個孩子說 $2+2=5$。讓兒童來回答哪個是謊言。所有的孩子都認爲，前者是謊言，後者是錯誤。並且說「謊言是故意的」，「是欺騙他人的」，「假如是一個錯誤，那麼你並不知道」。卽無意識的錯誤只是錯誤，不是謊言。

這三類定義表明，年幼兒童忽略意圖，而僅僅考慮行爲的實際後果，年長兒童卻注意動機。

如何評價謊言在道德上的嚴重性呢？對謊言的嚴重性進行評價是責任問題。前者是主觀責任，後者是客觀責任。一般說來，年幼兒童對謊言的評價是客觀責任，而年長兒童則對謊言持主觀責任的態度。

故事 1：一個小男孩在街上散步時遇到了一條大狗，這條狗把他嚇壞了。他回到家中，告訴他的母親說，他看到了一條像牛

一樣大的狗。

故事２：一個孩子從學校回來，告訴他母親，老師給了他好分數，但是，老師根本沒有給他好分數。他的母親並不知道這一點，於是就高高興興地獎勵了他。

問題是：哪個謊言更壞？

年幼的兒童認爲，說看見像牛一樣大的狗的孩子更頑皮、謊話更壞。因爲「他母親知道那是不眞實的」。說得了好分數的孩子不太頑皮，因爲「他母親可能會相信」。這些斷言說穿了就是：別人不相信的是大謊話，而別人相信的只是頑皮而已。「一個謊話在道德方面的嚴重性僅僅用謊話陳述的不可能性來衡量。」謊話說得越不像樣，謊話的內容與事實的距離越遠，謊話也就越壞。這依然是以成人對謊話的態度來判斷其責任，因此，這種是一種客觀責任，屬於道德他律的範疇。

年長的兒童則認爲，說像牛一樣大的狗的孩子，「像是開了一個玩笑。」「這個謊話沒什麼大不了的。」「或許只是吹了一個小牛皮。」「他母親不會相信。」對於說得了好分數的孩子，年長的兒童認爲他故意欺騙他的母親，而他的母親因爲不了解內情相信了他，這個孩子應該受到重罰。他們認爲，謊話越是明顯，越是無關緊要，因爲沒有人會相信，這與客觀責任者正好相反。

隨之，皮亞傑又設計了一系列實驗，以查清兒童心目中不許說謊的原因。結果是，年幼的兒童認爲，如果說謊，「上帝會懲罰的。」或老師、家長會懲罰的。問兒童，若是不受懲罰，能不能說謊，說謊壞嗎？答曰：「如果不受懲罰，我們就能說謊。」「說謊就不壞。」「這些兒童之所以把說謊看成是壞的，是因爲它受到懲罰，如果不受懲罰，說謊就是無辜的。這乃是客觀責任最純粹的

形式……這些受試者所想的只是，懲罰是說謊嚴重性的標準。」❽
因此不說謊並不是出於自覺的道德，而是對懲罰的恐懼。

年長兒童認爲，「如果不受懲罰也不可以說謊。」更理性的兒
童認爲，如果不受懲罰也可以說謊，人們就不知道他人在說什麼
了，「你就不可以信任任何人了。」皮亞傑認爲，這是在互惠方
面的進步。單方面的尊重讓位於互相尊重。皮亞傑認爲在這個過
程中可以區分出三個發展階段。在第一個階段中，謊話是錯誤，
因爲它是懲罰的對象，如果沒有懲罰，說謊就是允許的；在第二
階段中，兒童認爲說謊本身是錯誤的，即使不受懲罰，它還是錯
誤的；第三階段，說謊是錯誤的，因爲它與互相信任和愛護相衝
突。這一過程表明，對說謊的認識逐漸內化，「而且我們可以大
膽地假設，它是在協作的影響下才逐漸內化的。」❾

皮亞傑對上述過程做了如下分析，年幼的兒童所表現出的道
德實在論特徵，以及在一定情況下由實在論導致的客觀責任，是
成人對兒童的約束，和自我中心論之間的特殊關係造成的。兒童
對成人單方面的尊重，迫使他接受成人的命令，即使這些命令不
能立即付諸實施。由此造成了規則的外在性，以及僅從字面上進
行道德判斷的特徵。外在的和字面上的道德判斷，是兒童自我中
心對成人約束的無意識的反抗，是對成人約束的純個人的解釋，
是兒童在強大的外在壓力面前，保存自我的一種手段。「只有
協作這一因素，才能將兒童從其無意識的自我中心狀態中解放出
來；而在協作將兒童從自我中心以及這種約束所造成的後果中解
放出來之前，約束則起了完全不同的作用，並加強了自我中心的

---

❽　同❶，頁199。
❾　同❶，頁203。

特徵。」[30]

皮亞傑認為，成人的約束和兒童的自我中心狀態，是道德判斷的個體發生必經的階段。這種約束和兒童單方面尊重，是道德義務和道德責任感的源泉：受他尊重的人所發布的每一個命令，是強制性規則的起點。因此，這種責任感的道德，最初基本上是受外界支配的。然而，每個有家庭的人都知道，父母和兒童之間的關係當然不僅僅是約束關係。還有另外一種更偉大、更動人的關係：愛。愛激發了人類互相間善的感情，因此，愛是人類協作、真誠相待的起點，是善的道德起點。筆者認為，對於兒童乃至全社會的道德教育來說，進行正規教育、講授道德準則、公布道德懲誡固然十分重要，但是，若使善的道德變為公民發自內心的自覺的行為，則需要啟迪人之間的愛，博愛！只要人人都以愛心待人，坦誠、平等地協作將會隨之出現，人類的道德將走向自律。這雖然是理想化的，但並非是不可能的！因為倘若沒有這種理想化的東西，我們今天所做的一切還有什麼意義呢？

二、協作、自律與公正

皮亞傑指出，道德他律和道德實在論可以化為一些規則，通過詢問可以對其進行研究。但是，道德自律與兒童間的協作主要是從內部的思想衝動中，或從兒童之間的交談中表現出來，從不容易加以界說的社會態度中去探索，因此，研究起來十分困難。經過反覆斟酌，皮亞傑決定選擇公正概念進行研究。他之所以選定這個概念，是因為公正概念是自律道德中最富有理性的概念，

---

[30] 同❶，頁222。

是協作的直接結果，而且可以通過實驗進行測試。皮亞傑指出：
「公正感發展所需要的只是兒童之間的互相尊重和團結。」[31]

懲罰和公正

公正總是獎懲的孿生兄弟。如果處罰無辜者，獎勵有罪者，或一般地說，如果不是嚴格地按照功過大小給予獎懲，我們便說這是不公正。另一方面，在分配時以犧牲一些人的利益去滿足另一些人，這種分配也被認為是不公正的。公正的第二種含義有平等的意思，第一種意思則與成人的約束、與本章所研究的問題更貼近。而且它是一種比較原始的公正概念，對道德起源的研究更為有利。

對於第一種公正的研究，勢必要涉及獎懲問題。為了研究「什麼樣的懲罰是公正的」，皮亞傑擬定了幾種不同類型的懲罰，然後向兒童提問「哪一種懲罰更公正」，結果發現了十分有趣的兩種答案，它們與一定的年齡階段相符。

第一種抵罪懲罰。認為懲罰是必要的；懲罰越嚴厲，也就越公正，而且受到及時懲罰的兒童將會比其他兒童更好地恪盡職守。

故事1：一個小男孩沒有做老師布置的數學題。但是，第二天他告訴老師說，他生病了，所以沒有做題，老師不相信便把這件事告訴了他的爸爸。爸爸想了三種懲罰方式：(1) 罰他抄寫一首詞五十遍；(2) 爸爸對男孩說你說你病了，我要你在床上躺一天，而且要吃藥；(3) 你說謊了，我再也不相信你了。

故事2：一個小男孩把弟弟的玩具弄壞了，怎麼懲罰他：

---

[31] 同❶，頁237。

(1) 讓他把自己的玩具給弟弟；(2) 讓他拿出錢來修理玩具；(3) 一個星期不讓他玩自己的玩具。

問題是：哪一種懲罰最公正？

年幼兒童的回答是，對故事1，抄五十遍詞最嚴屬，因而最公正。對故事2則認爲拿走他的玩具，一週不讓他玩最公正。這樣的回答不難看出：「在這些兒童看來，懲罰理所當然地應該包括對犯罪者處以一種將足以使他認識到他過失嚴重性的痛苦。自然，最公正的懲罰乃是最嚴屬的懲罰。」❷ 最嚴屬的懲罰是抵罪懲罰。

抵罪懲罰有幾個特徵：第一，同約束和權威的規則密不可分。如果從外部給一個人定若干規則，並假定這個人違反規則，挽回的方式是通過強有力的強制方式使這個人重新履行他的職責，並用痛苦的懲罰使他明白自己有罪。第二，它具有任意性。卽在錯誤的內容和對錯誤施加的懲罰之間沒有聯繫。種種懲罰僅僅涉及到處罰的痛苦程度和錯誤的嚴重性之間保持適當的比例。之所以要保持這個比例，是出於這樣一種信念：受重罰者將不會重犯過失，因爲重罰使他認識到這個規則的外在的和約束性的權威。

皮亞傑認爲，抵罪懲罰是一種傳統道德，該道德認爲它對於防止屢犯錯誤十分有效。然而，它忽略了另一個更爲重要的問題，重罰使兒童痛苦，卻也使兒童增加了承受懲罰的能力。「積累起來的懲罰使犯規者變得感覺遲鈍，並且無情地專爲自己打算。」❸

---

❷　同❶，頁255。

❸　同❶，頁272。

重罰扭曲了兒童的心靈，它雖然在一定程度上防止重犯過失，卻嚴重地摧殘了兒童幼小的心靈，造就出病態的人格，試想，我們的道德教育若是以重罰求公正，恐怕在全社會就找不到健全的人格了，我們的社會豈不是成了一個大「呼嘯山莊」了嗎？

第二種回報懲罰。它同平等和協作規則有密切的聯繫。所謂回報懲罰是指，兒童知道規則是一種互惠的契約，這契約把自己與同伴結合起來。如果違反了這條規則，爲了把事情弄好，只要違反者感受到這種破壞所導致的後果便足矣。卽只要實行回報原則卽可，不需要以外部力量實行重罰，不需要實行使人痛苦的強制。當然，回報的方法也有痛苦的成分，然而它不是爲痛苦而痛苦，也不是刻意向違反者的思想中灌輸對法則的敬畏。回報的痛苦是由於破壞了合作契約帶來的不可避免的後果。對故事1，主張抵罪懲罰的兒童認爲罰抄詞五十遍最公正、最嚴屬。而持回報懲罰的兒童則認爲，以後不再相信說謊的孩子是最公正的懲誡，並且認爲抄詞五十遍的懲罰與他所犯的錯誤毫無關係。對故事2，持抵罪懲罰的孩子認爲拿走他的全部玩具，一週不讓他玩最公正，而持回報態度的孩子則認爲，要求他把自己的一個玩具送給弟弟最公正。

我們可以看出，與第一組兒童比，這些兒童對懲罰、公正的看法多麼不同。「懲罰的價值不再根據它的嚴屬程度來衡量了。基本點是對於違反規則者採取以其人之道還治其人之身的辦法，以此來使他認識到他的行爲和後果；或者在條件許可的情況下，用他的錯誤行爲的直接的物質後果來懲罰他。」[34] 這種懲罰的最

---

[34] 同[1]，頁261。

大特點是犯規行為和懲罰之間，無論在內容還是在物質方面都有聯繫。皮亞傑認為，回報概念雖然也是懲罰，但是動機並不在於使犯規者痛苦，並且由於畏懼痛苦而不再違反規則，而在於通過一定的回報，或「類似數學形式表示出來的以牙還牙的法則」，使兒童認識到互惠、互利、協作的重要，以此修復被破壞的平衡。並且通過回報使兒童逐步認識到自己對某種協作或平衡承擔某種義務，破壞了它，便是沒有盡到義務。喚起兒童的義務感，便喚起了他的自覺的道德意識。因此，皮亞傑斷定，回報概念本身蘊涵著寬恕和諒解。與協作和自律是一致的，而且隨著年齡的發展，回報概念顯現出明顯的優勢。

公正、平等、公道

　　回報概念是兒童協作的產物，對犯規者實施回報懲罰，是為了求得公正。事實上，公正概念在協作的不同水平具有不同的含義。在協作初期，有所謂懲罰的公正。懲罰的公正是一種外在的、他律的公正，公正的含義是「服從成人的權威」。因為這時兒童認為，違反成人命令的行為，即所有被禁止的行為，違反遊戲規則的行為，都是不公正的。「這一時期的特徵是，公正和不公正概念還沒有從責任和服從的概念中分化出來：任何與成人權威的命令一致便是公正。」[35] 即使在這一基本上是被動的時期，兒童也已經把某些處理問題的方式看成是不公正的。例如，成人懲罰沒有過失的孩子，自己允許兒童做某事，但後來又禁止了等等，都被兒童視為不公正。但是，成人如果堅持己見，他所規定的一切依然具有合法性，依然是公正的。他們認為，成人所施加

---

[35]　同❶，頁389。

的一切懲罰都是完全合理、完全必要的，「甚至作爲構成道德本質的東西加以接受。」如果說謊不受懲罰，說謊就是允許的。權威高於一切，懲罰高於一切，權威和懲罰就是公正。

第二時期，公正是平等。這是「自律逐漸發展和平等優先於權威的時期」。兒童這時所理解的平等是「所有的人都平等」。平等的規則居於至高無上的地位。如果懲罰與平等發生衝突，兒童看重平等，如果權威和平等發生衝突情況也是如此。皮亞傑把這稱之爲隨年齡和協作發展起來的「平等主義」。這種平等主義是自律道德。當然平等主義有些過分鐵面，它實際上是超過服從、超過友誼的一種絕對平均化。這實際上由對成人單方面尊重變爲對規則的單方面尊重。皮亞傑舉例，一戶人家有三個兄弟，其中兩個是孿生兄弟。他們每天早晨都擦靴子。一天，他們的哥哥生病了不能擦自己的靴子。母親讓兩兄弟代兄長擦。問這個要求公正嗎？處於這一時期的孩子都認爲，這不公正。因爲他們倆多擦了一只靴子。這種絕對平均主義依然不是眞正的平等，因爲它們沒有平等所包含的互助、互惠、互愛。然而它是一個必經的階段。

平等主義隨年齡發展，到了11、12歲，出現了一種新的態度，「可以把這種新的態度特徵說成是『公道感』，而且，這種公道感只不過是平等主義在其相對性方向上的發展。」**㊱** 這時的兒童基本上放棄了絕對平均主義，除特殊情況外，他們不再要求個人的平均權利，不要求所有的人完全服從同一規則。他們顯得更理智、更人道、更互惠，而且更多地考慮規則以外的其他因素，

㊱　同❶，頁390。

如照顧年幼體弱者等。「這種態度遠沒有造成特權，而是使平等比以前的情況更具有道德的效力。」它是善的體現，是自律之下的自覺的道德，它能構成各種現象所傾向的理想平衡。公道的出現說明兒童的道德判斷趨於成熟。

　　皮亞傑討論道德理論的著作雖然只有這一本，但是，由於他對於道德認識的起源、道德的自律和他律問題，進行了深入而有說服力的探討，因而在倫理學界反響極大。特別是到了七、八〇年代，皮亞傑的《兒童的道德判斷》一書，已經成為國際倫理學界研究不可或缺的重要著作之一，對他的道德理論的研究，頻頻出現在現代倫理學的著作中。筆者認為，皮亞傑的道德理論，確實具有許多發人深省的東西，特別是對於道德的自律和他律的研究，值得我們每一個家長、教師和全社會的注意。如果我們在教育工作中，有意識地形成成人與兒童之間平等、和諧的關係，我們就有更多的機會培養出具有健全道德意識的下一代，這對於個人、家庭、社會都是功德無量的。

第四章　結構主義理論

　　皮亞傑在大學時期就已經很注意結構問題了，皮亞傑所關心的整體和部分的關係問題以及平衡問題等，都與結構問題相關。當然，那時的結構問題在皮亞傑那裡只是問題，還沒有形成清晰的意識。筆者沒有考察結構概念在皮亞傑的著作中究竟何時出現，但是，有一點可以肯定，在皮亞傑最早出版的著作中，已經有「組織」、「圖式」，甚至「結構」概念了。在皮亞傑的著作中，「圖式」、「組織」等概念是結構的同義詞。筆者認為，在皮亞傑進入心理─認識論領域時，他已經是一個自覺的結構主義者了。因為，皮亞傑在研究的中、後期，有意識地運用結構主義的方法建立自己的發生學體系，並且使發生學和結構主義渾然一體。

　　一九六八年《結構主義》一書問世，並不是皮亞傑由發生學進入結構主義研究的標誌，而是皮亞傑運用結構主義方法論對自己的發生學研究進行了一次純理論的總結。該書首次以法文發表，先後再版七次，就是它，在皮亞傑「發生學者」、「機能主義者」、「操作主義者」等諸稱號之上，又加上了「結構主義」的稱號。我們姑且把他稱之為「發生學結構主義者」。

　　皮亞傑的全部體系，特別是中後期的理論，處處散發著濃郁

的結構主義氣息。儘管皮亞傑在《結構主義》一書中申明，結構主義是一種方法，但是，筆者認爲，在皮亞傑的發生學理論中，結構主義絕不僅僅是方法，也是體系。讀者只要看一看皮亞傑的形式理論和形象理論，就不難看出這一點。倘若筆者在這裡依然研究作爲體系的皮亞傑結構主義，就不免與第一、二章所討論的問題重疊。雖然皮亞傑發生認識論體系，並未把結構主義僅僅作爲方法使用，但是，《結構主義》一書著重研究的，是作爲方法論的結構主義，據筆者所知，皮亞傑全面評價結構主義諸流派、專門研究方法論結構主義的著作只有這一本，所以本章就以皮亞傑《結構主義》一書爲藍本，向讀者介紹皮亞傑對整個結構主義思潮的基本態度，以及他所說的方法論結構主義的特點。

《結構主義》一書的主要目的是試圖找出一切結構主義的「公分母」。因此，這部書所講的結構主義「不能被作爲一種學說或哲學看待」，「結構主義主要是一種方法」。作爲方法論的結構主義是「眞正的結構主義」。皮亞傑的結構主義，建立在發生認識論基本命題的基礎之上，就討論的問題而言，與發生認識論不是一回事，嚴格地說，它不屬於發生認識論，是皮亞傑體系中獨立的一部分。至少《結構主義》一書中所研究的問題是如此。

壹・結構主義 (structuralism) 的共同特點

皮亞傑指出，人們常說，要規定結構主義的特徵是很困難的，因爲結構主義的形式繁多，在從自然科學到社會科學乃至哲學的廣闊領域，幾乎都有結構主義，如，數學的布爾巴基學派、布爾的邏輯學結構主義、物理學結構主義、生物學結構主義、格

式塔心理學結構主義、索緒爾、喬姆斯基的語言學結構主義、列維—斯特勞斯的人類學結構主義……在如此宏大的範圍中尋找結構主義的公分母，似乎太困難了。更何況卽使在同一領域中，不同學派之間結構的含義差異極大。所以，皮亞傑認爲，應該對研究的問題加以限制。要區分兩個問題，這兩個問題雖然有關聯，但是應該區別對待。第一個問題，結構主義的共同理想；第二個問題，結構主義的批判意圖。共同理想在結構主義中肯定存在，而批判意圖「則十二萬分的不同」。若是從結構主義共同的理想中去尋找結構主義的共同特點，顯然是可能的。

從結構主義的共同理想來分析結構問題便可以發現，在不同的結構主義中可以找出三個顯著的特點：整體性、轉換性、自我調整性。

一、結構的整體性

皮亞傑對於結構整體性特點的描述，與皮亞傑在發生認識論中所闡述的認識結構的整體性特徵完全一致。他指出，不言而喻，各種結構都具有整體性。因爲所有的結構主義者一致同意，在結構主義中唯一一個對立的關係，是結構的整體性與組成部分之間的對立關係，組成部分也叫聚合體。按照皮亞傑的看法，一個結構由若干個成分所組成，這些成分在整體中不是雜亂無章的，它們服從使結構成之爲結構的規律。這些規律把各種成分的種種性質，統一在一個整體中，並且賦予諸成分以整體性。卽結構的整體性在於結構的內在規律把存在於整體中的各部分統一起來。結構獲得整體性，也就獲得了平衡。

結構的整體性特徵提出了許多問題，皮亞傑在這裡只研究其

中兩個主要問題，一個是關於整體性的性質問題；一個是整體有形成過程，還是預成的。

關於整體性的性質問題。皮亞傑指出，在這個問題上，一直存在著兩種看法。一種是原子論式的聯想圖式。這種圖式非常符合人們慣常的思想模式： 由簡到繁， 卽從感覺印象到知覺複合體，從個別人到社會群體等等。另一種是湧現論，他恰好是原子論的逆圖式。湧現論的特點是「一開始並不增加什麼，就提出整體性來」❶。例如，奧古斯特・孔德用人類來解釋人， 而不是用人解釋人類；涂爾幹認爲社會整體是從個人的匯合中湧現出來，就像分子從原子中湧現出來一樣；格式塔學派認爲完型顯現於種種原始知覺中……這些看法都是典型的湧現論。如果說原子論是用個別來說明一般或整體，湧現論則是用一般來說明個別，用整體來說明部分。

皮亞傑指出，湧現論雖有種種不盡如人意之處，但是，它至少揭示了一個道理，卽，「一個整體並不是一個諸先決成分的簡單總和。」❷ 從這一點出發，皮亞傑提出了自己的見解，他稱之爲關於整體性性質的「第三種立場」：「運算結構主義的立場」。這種立場一開始就採取了重視關係的態度，這種態度不是要人必須接受成分，也不是要人被動地接受整體而又不知其所以然。他認爲眞正重要的是這些成分之間的那些關係，換句話說，「就是組成程序或過程的一個結果，這些關係的規律就是那個體系的規律。」❸

---

❶　《結構主義》，商務印書館，1984年，頁4。
❷　同❶。
❸　同❶，頁5。

典型的皮亞傑式的觀點!

　　由此產生第二問題，也是一切結構主義的中心問題：由組成程序或過程產生的這些整體性從來就是被動組成的嗎？怎樣組成？被誰組成？或者是一開始就處於組成過程。卽，整體性是預成的，還是後成的？或者說，「種種結構是否都具有一個形成過程。」或者，「只有一個多少具有永久性的預先形成過程？」皮亞傑認爲，在這個問題上依然有兩種看法，一種是原子論式的聯想所假定的「沒有結構的發生論」；另一方面是「沒有發生過程的整體或形式」。不言而喩，皮亞傑依然採取了第三種態度：有結構的發生和有發生的結構，卽結構和建構的同一。這是皮亞傑發生學的必然結論。因爲按照皮亞傑的看法，「從結構這個術語的現代意義來講，『結構』就是要成爲一個若干『轉換』的體系，而不是某種靜止的『形式』。」❹整體性的第一個問題提出結構的內在關係，如整體與部分的關係、部分與部分的關係等，它們決定了結構的整體性性質——關係的組合。整體性的第二個問題，提出了結構的預成和後成問題。由於提出了這個問題，皮亞傑便將結構主義問題納入了發生學的軌道，得出了地道的發生學結論：結構是個動態體系，不是靜態形式。作爲動態體系，它有發生和發展，因此，他理所當然地斷定，結構始終處於動態的發展中。而動態結構勢必要涉及到一種結構如何變爲另一種結構，這便是結構的第二個特性——轉換性。

二、結構轉換性

　　皮亞傑認爲，如果結構的整體性來自結構的內在組成規律，

---

❹　同❸。

那麼規律便構造了結構。起構造作用的活動，只能在一個轉換體系中進行，因此，如果承認結構的整體性特性，就應該承認它的轉換性。

如果從索緒爾語言學結構主義，或從完型心理學來看，轉換性有點突如其來。因爲他們的結構主義是共時性的、靜態的，只是結構的橫斷面。在一個靜態的形式中，很難理解轉換性。但是，這並不意味著在靜態形式中沒有轉換系統。「要判斷一個思想潮流，不能只看它的來源，還要看它的流向，而且從語言學和心理學開始，我們就看到轉換觀念的出現了。」❺ 仍然以索緒爾語言學和完型心理學爲例。皮亞傑指出，即使是索緒爾的語言共時性系統，也不是完全靜止不動的，就其走向來講，至少爲語言系統中的各種關係的需要所迫，索緒爾在某種程度上已經暗示了能動的平衡概念的存在，這個概念很快就延伸爲巴利(C. Bally)的文體論。「而巴利的文體論已經在種種個別變化的有限意義上研究轉換關係了。」至於後來出現的喬姆斯基的語言學，在研究語言學的生成關係時，提出了「轉換語法」，這便在語言學結構中，納入了一個動態的轉換系統。完型心理學從一開始就涉及到了轉換感覺材料的「組織」規律。

根據上述種種現實，皮亞傑斷言：「一切已知的結構，從最初級的數學群結構，到規定親屬關係的結構……都是一些轉換體系。但是，這些轉換可以是非時間的（因爲，如 $1+1$ 立即就『成』 2 ，而 3 並不需要有時間上的間隔就『緊跟』在 2 的後面了），也可以是有時間性的（因爲像結婚就需要用一點時間）。」❻

---

❺ 同❶，頁6。

❻ 同❶，頁7。

結構必須具有轉換性，否則，它就不能解釋任何事物了。

三、結構自身調整性

「結構的第三個基本特性是能自己調整；這種自身調整性質帶來了結構的守恆性和某種封閉性。」❼ 意思是說，結構所具有的各種轉換不會越出結構的界限，它的作用限於結構內部，而它的作用則是產生某些規律的成分。所謂守恆和封閉性並不指規律如鐵筒一般，紋絲不變，而是說每一次轉換，都在結構內部產生一些規律成分，這些成分與原有的成分之間發生分化重組，這使在原規律支配下的結構也發生分化重組。在這一過程中，結構的總邊界發生了變化，但是沒有消失，他們與其他結構聯盟，形成一種更完整、更穩定的整體結構，皮亞傑常把這一結構稱之爲整合。整合的結果使結構更爲豐富。

以自身調整性爲前提的分化整合過程，對於結構的歷時性發展和共時性組合極其重要。「因爲，當人們一旦做到了把某個知識領域歸結爲一個有自身調整性質的結構時，人們就會感到已經掌握了這個體系的內在的發動機了。」❽ 這個內在的發動機不僅僅形成了結構的無窮分化、整合過程，而且導致了「複雜性漸漸增長的級次」，卽由低級到高級的等級結構或階梯。在這個階梯的頂端，或有些人所說的金字塔的塔基，也可以說是結構發生發展的起點，自我調整透過非常有規則的運算發揮作用。自身調整性作用大致有兩種功效，一種是構造結構內部，使結構達到平衡，並在平衡狀態下使結構完成自身調整。另一種是參與構造新

---

❼　同❶，頁8。
❽　同❶，頁9。

結構，把以前存在的一個或多個結構合併爲一個新的結構，使其成爲大結構的子結構，當然這些子結構必須從屬於整體結構的法則。

從皮亞傑爲結構歸納的三個特點可以看出，皮亞傑是站在發生學的立場上歸納結構主義的一般特徵。我們在皮亞傑發生認識論的許多著作中都可以找到與之類似的論述。客觀地說，皮亞傑所說的結構主義的三大特點，其實首先是皮亞傑結構主義的特點。皮亞傑自己似乎也意識到了這一點，所以，在以下的篇幅中，他對所有的結構主義進行了分析，力求證明，在不同流派的結構主義中，蘊涵了這些基本特點，或者至少蘊涵了其中某個特點，或者因爲沒有這些特點而導致理論上的困難。

貳·對結構主義諸流派的批判性陳述

皮亞傑對結構主義諸流派的分析和陳述，完全是從發生學的立場出發的。或者說得確切一點，是用他所歸納的結構主義三大特點去規範其他結構主義流派。筆者認爲，皮亞傑力圖從結構主義一般流派中找出他所歸納的結構主義特點，從而證明他的歸納具有普遍、必然性。另外，皮亞傑對結構主義諸流派的分析，有嚴格的順序，他體現了邏輯和歷史的統一。他選定的第一個流派是數學—邏輯學結構主義。皮亞傑認爲，「如果不從檢驗數學結構開始，就不可能對結構主義進行批判性的陳述。其所以如此，不僅因爲有邏輯上的理由，而且還同思想史本身的演變有關。」❾

---

❾　同❶，頁12。

一、數學和邏輯學結構

皮亞傑對數學結構主義的分析，大體集中在兩點上，一點是伽洛瓦（Galois）的「群」結構，一點是布爾巴基學派的母結構。對於「群」結構，皮亞傑有特殊的偏愛。他認為，「群結構作為代數基礎，已經顯示出具有非常普遍和非常豐富的內容。幾乎在所有的數學領域裡，並且在邏輯領域裡，我們都發現了群結構。在物理學裡，群結構具有基本的重要性；在生物學裡，也可能會有一天情況相同。」❿因為「群」結構是「各種結構的原型」。它為結構主義未來的發展奠定了堅實的基礎。

首先，群結構是「反身抽象」（reflective abstraction）的結果。這就決定了群有與眾不同的性質。在一般的抽象中，抽象出來的性質越具有普遍性，這個性質就越貧乏，並且用處不大。而反身抽象則不是這樣，它不是對客體的抽象，而是對人們作用於客體的動作進行抽象。所以群不可避免地具有普遍協調的作用。由於群有這樣普遍協調的性質，所以它體現了理性主義的三個原理：在轉換關係的可逆性中體現了不矛盾原理；中性成分的恆定性保證了同一性原理；到達點不因途徑不同而變化，卽，不變性原理。

其次，群是轉換作用的基本工具，而且還是合理的轉換作用的基本工具。這種轉換作用不是一下子同時改變所有的因素，而是每次轉換都與一個不變量聯繫起來。這一特點就是皮亞傑所說的圖式的可逆性和守恆、守恆和轉換相結合的特點。

在皮亞傑看來，數學的群結構充分體現了協調和轉換作用。

---

❿　同❶，頁13。

即，數學群結構至少體現或突出體現了結構主義的三大特徵之一。

皮亞傑也很關注布爾巴基學派 (Bourbaki)。他認爲布爾巴基學派「在數學界可以稱之爲結構主義學派」。它的特徵「是企圖使全部數學服從於結構的概念」。

皮亞傑認爲，布爾巴基學派運用歸納法發現了三種母結構。所謂「母結構」是指作爲其他結構來源，並且彼此之間不可以再合併的結構。這三個結構是「代數結構」、「次序結構」、「拓樸學性質的結構」。代數結構的原型是「群」以及群的派生物。代數結構的基本特點是存在著正運算和逆運算，即存在著從否定意義上體現出的可逆性。次序結構是研究關係的結構，它的原型是「網」(lattic network)。「網」主要用「後於」和「先於」的關係，把自身各成分聯繫起來。網和群一樣，也具有普遍的可逆性。這種可逆性不是逆向性關係，而是相互關係。第三類母結構是拓樸學性質的，是建立在鄰接性、連續性和界限概念上的結構。

皮亞傑進一步證明，布爾巴基學派所說的三類母結構，不僅僅存在於數學結構中，發生學的研究表明，兒童智力發展中使用的運算，其特徵恰好與布爾巴基學派的三類母結構相似。這一事實似乎說明，布爾巴基學派所說的三類母結構具有普遍性。

邏輯學結構主義是研究結構主義的最佳領域。這裡的邏輯學主要指符號邏輯，符號邏輯無疑具有形式化的特點，因而邏輯學的形式化是一個非常重要的問題。但是，這並不意味著邏輯學只研究形式問題，不研究認識的內容。皮亞傑認爲，「邏輯形式處理過的內容，仍然有某些形式，具有可以邏輯化的形式的方向，這些內容的形式包含了一些加工得更差的內容，但是，這些內容

又是具有某些形式的；如果依次類推，每一個成分對於比它高的
成分來說是內容，而對於比它低級的成分來說是形式。」❶形式
和內容的這種相對關係，對於結構主義的真正意義在於，它使整
個體系成為一個無窮的過程，在形式—內容上升的階梯中，可以
任選一點為體系的起點，但是，無論選在哪裡，體系都是一個系
統封閉性的整體。封閉性是指它通過轉換性和自身調整性作用不
斷進行形式—內容的相對運動發展，而無需借助於外在的力量。
這很像黑格爾體系的發展方式。所不同的是，皮亞傑認為，這個
封閉體系的上方是開放的，下方也是開放的，原因是作為出發點
的概念和公理，包含著許多未加說明的成分。邏輯學結構主義一
直試圖找出這些概念和公理下面是什麼。皮亞傑指出，它們的下
面「是一個若干真正結構的整體」。這個整體有數學上的網結構和
四元群結構。這些都是「完全意義上的結構」，即具有整體性、
轉換性和自身調整性這三個性質。

二、物理學和生物學結構

　　皮亞傑研究物理學結構主義是因為「我們並不先驗地知道，
這些結構是否來源於人，還是來源於自然界，或者來源於兩方
面；而人和自然界的會合，是必須要在人對物理現象進行解釋的
領域裡去加以研究的」❷。換句話說，皮亞傑力圖證明，在人與
自然合一的物理學中，是否也有前面所說的最一般的結構及其三
大特點。
　　物理學是最古老，同時也是變化最大的領域。長期以來，物

---

❶　同❶，頁19。
❷　同❶，頁26。

理學家就是憧憬這樣一種美景：測量物理現象，建立定量定律，並用速度、質量、功、能……來解釋這些定律。在物理學的古典階段上談論結構，尤其是大理論結構並非難事。因為物理學的研究，推廣到了現象階梯的最宏觀層次和最微觀層次。這時，要研究物理性質，需要先尋找結構，把結構看作由若干可能狀態和可能轉換關係組成的整體。在這個整體中確定所要研究的真實系統，而且對這個位置的說明需要種種可能的整體。

皮亞傑認為，從結構主義的觀點來看，物理學演變引起的主要問題「就是因果關係的本性問題。更確切地說，就是在解釋因果關係定律時所利用的數理邏輯結構與現實世界所假定具有的結構這兩方面的關係問題」⑬。如果像邏輯實證主義那樣，把一切都歸結為語言符號的表達方式，那麼科學本身也成為純粹的描寫，如此一來，上述問題便沒有什麼意義了。如果承認邏輯結構和數學結構作為轉換關係體系而存在，物理現實和描述這種現實的數學工具之間具有永恆的一致。這種一致性在某種程度上與這一事實有關：「群的種種結構在物理學中，從微觀物理學一直到相對論的天體力學，已非常普遍地被應用了。」根據皮亞傑的觀點，從發生學上看，群結構來源於感知運動活動。這一結構是群結構的源泉，因果關係結構通過動作群結構建立起來，因此，「在運算結構與因果關係結構之間存在著密切的聯繫。」

這種思路，我們在發生認識論中已經領教過了。而對於物理學結構主義的分析中，皮亞傑重提這一關係無非是為了說明，作為轉換關係結構的數學和邏輯學結構（群結構）與物理學結構結

---

⑬　同❶，頁27。

合，使物理學結構成為標準的結構，卽擁有三大特點的結構。既然數學、邏輯學和物理學結構都可以上溯到機體水平，結構主義問題的研究就進入了生物學。

　　生物學方面明確主張結構的第一次嘗試的是貝塔朗菲（L. von Bertalanffy）的有機論。而對結構做出較為完善論述的則是坎農（Cannon）。坎農提出「體內環境恆定」，或「體內平衡」（homeostasis）的概念。「這個概念，涉及到機體內部環境的永恆性平衡狀態，因而也涉及到內部環境和調整，於是引起對整個有機體的自身調節作用的闡明。」● 第一，自身調整是機能和結構環環相扣的作用。有機體自身調節作用觸及到結構的調整，它首先體現為各分化器官的調節作用，如內分泌系統、神經系統、肌肉組織等。第二，生命結構有機能的作用。第三，生命結構與意義相關。這三個方面都是物理平衡所不具有的。它表明，生物學的整體和自身調節作用雖然是物質的，卻表明結構與機體之間有不可分割的聯繫，而有機體則是主體的物質承擔者。所以，隨生物結構而來的就是心理學結構了。

三、心理學結構

　　皮亞傑認為，心理學結構出現於二十世紀初。格式塔的完型結構是最有代表性的結構。「『格式塔』結構主義的中心觀念是整體性觀念。」● 在心理知覺一開始，就存在一個知覺整體，這個整體是知覺的良好形式，又稱完型。皮亞傑認為，格式塔的知覺整體性，依賴於場的假設。在格式塔那裡，場是一個動力整體，也是一個系統，其中任何一部分都影響著其他部分的。卽

● 同❶，頁33。
● 同❶，頁39。

「每一局部的變化都會引起整體的改組」。由此造成了知覺整體的第一個規律:「不僅存在有作爲整體的整體的特性，而且整體的量值也並不等於各部分的總和。換句話說，知覺整體的第一個規律，就是全體的組成，其規律不是加法性的。」⑯「第二個基本規律是知覺整體有採取可能是『最優形式』的傾向。這些『優良形式』的特徵，是具有簡單性、規律性、對稱性、連續性、成分之間的鄰近性等等。」⑰ 而這些特徵就是平衡作用的效應，這又是一個皮亞傑式的引申。從上述特徵中引出平衡概念之後，皮亞傑又開始著手分析格式塔結構。

　　皮亞傑指出，平衡概念足以說明完型的普遍性，而且平衡既是物理過程，又是生理過程。它使完型成爲一個轉換體系，作爲轉換體系則有自動調節過程，在自動調節過程中該體系又是一個自主的體系。「這兩個性質，再加上整體性的一些普遍規律，就使『格式塔』適合於第壹單元裡爲結構所提出的定義了。」⑱ 至此，皮亞傑對格式塔完型的改造基本完成。隨後，他進一步指出，在知覺領域裡起作用的東西，更有理由在動作和思維領域中起作用。也就是說，知覺整體性、轉換性、自我調整性來源於感知運動活動和思維。不言而喻，二者之間的這種相似性是由「建構」過程形成的。而建構過程的高級階段，形成了邏輯語言結構。所以對結構的考察便進入了語言學結構主義。

四、語言學結構主義

　　皮亞傑語言學結構主義的考察，集中在索緒爾和喬姆斯基身

⑯　同⑮。
⑰　同❶，頁40。
⑱　同⑰。

上。

　　索緒爾的語言學被皮亞傑稱之為「共時性結構主義」。他指出，索緒爾證明，語言過程並不能歸結為語言的歷時性研究，例如，一個詞的歷史，時常與現在的含義相去甚遠。「其原因是除了歷史以外，還有一個體系問題（索緒爾沒有用過結構這個術語），而這樣一個體系主要是由對這個體系的種種成分都發生影響的平衡規律組成，在歷史的每一個時刻，這些規律都取決於語言的共時性。」⑲事實上，在語言中起作用的基本關係，是符號和意義的對應關係，意義是個整體，彼此之間有聯繫，是相互依存關係，這些關係使語言成為共時性系統。

　　然而皮亞傑進一步指出，索緒爾的「結構主義固然主要地是共時性的」，但是如果仔細權衡這一共時性系統就會發現，它有轉換的契機。索緒爾共時性語言系統有三個依據。第一，索緒爾從經濟學獲得啟發。在索緒爾的時代，經濟學著重於平衡規律的研究。其實平衡並不僅僅是共時性的狀態。第二，力圖擺脫外來因素對語言學的影響，只研究語言系統的內在本質。第三，索緒爾強調，語言符號有任意性。語言符號是約定俗成的，與它的意義沒有內在的聯繫，因而它的意義也是不穩定的。語言符號同時伴有象徵性，它表現在「象徵者」和「被象徵者」之間的符號形式的相似關係。詞則沒有任意性，它實實在在地屬於某個事物。但是，皮亞傑認為，「不言而喻，語言的多種多樣本身，正好證明語言符號有約定俗成的性質。不僅如此，符號永遠是社會性的（在習慣上明確地或不明確地約定俗成的）；可是象徵則如同在象徵性遊戲或夢裡一樣，可以是起源於個人的。」⑳按照皮亞傑

⑲　同❶，頁53。
⑳　同❶，頁55。

發生的一貫看法，涉及個人起源便是歷時性的問題。這種歷時性
是皮亞傑分析出來的。按照皮亞傑的看法，正是索緒爾的共時性
理論所包含的這些轉變契機，誘發了許多學者，特別是語文學家
對語言共時性系統的改造。其中，喬姆斯基的語言轉換結構主
義，標誌著語言學的昇華。

　　皮亞傑指出，「從哈里斯起，尤其是到了喬姆斯基，語言學
結構主義當前的形式在句法結構的範圍內，採取了明顯是生成語
法的方向；這種語言學『生成』關係的研究，合乎情理地伴隨有
對於轉換規律進行形式化的努力。」「這些轉換規律具有一種『過
濾』性的調節能力，能夠淘汰某些構造得不好的結構。」㉑皮亞
傑認為，從這種看法出發，「語言學結構到達了最一般性結構的
行列，具有整體性的規律。」這種整體性規律「是轉換性的，而
不是描寫性的靜態的規律」，而且「它們具有從這一組成關係的
種種性質而來的自身調整作用」。

　　皮亞傑認為，喬姆斯基的轉變有兩個動力，第一，推動力來自
對語言的創造性方面的觀察。「而語言的創造性主要表現在語言
的領域裡面，也就是在心理語言學的領域裡面。」也就是說，心
理學和語言學之間的橋樑，促使共時性語言向共時—歷時語言學
過渡。第二，轉換語法植根在理性之中。喬姆斯基在《笛卡爾
派語言學》(Cartesian Linguistic) 中，以笛卡爾為遠祖。卽
把語法規則視為「天賦」的，從這些天賦規則出發，經過轉換生
成過程，形成了喬姆斯基的語言結構。所以皮亞傑認為喬姆斯基
的語言學是「發生論和笛卡爾主義這樣有趣的混合」。在皮亞傑

㉑　同❶，頁56。

看來，這種混合恰恰使語言學結構成爲標準結構。

五、結構在社會學和哲學研究中的利用

　　皮亞傑認爲:「一切有關社會研究的形式，　不管它們多麼不同，　都是要導向結構主義。」[22] 皮亞傑簡要地概括了結構在社會心理學、　宏觀社會學和宏觀經濟學中的運用情況，　進而筆鋒一轉，把視野投向人類文化學領域，投向列維─斯特勞斯的人類文化學結構主義。

　　他指出，列維─斯特勞斯的人類學結構主義「是人們在經驗的人文科學中曾經用過的非功能主義的、非發生論的、非歷史主義，但卻是最引人注目的演繹式的模式」[23]。　爲此，　皮亞傑要對它進行特別研究。

　　皮亞傑認爲,列維─斯特勞斯的結構主義是一種共時性理論。這一學說「把結構看作是人類社會生活的初始事實」。即結構沒有發生過程。這種結構主義的第一個基本原理，就是要到具體的社會關係背後，去尋找無意識的基礎結構。　皮亞傑認爲，「這個共時性的觀點是由於我們對於信仰習俗的起源無可救藥地一無所知引起的。」[24] 這種無知導致了與共時性相矛盾的結果。因爲，按照列維─斯特勞斯的看法，在這種共時性體系中，習俗是在產生內在感情之前作爲外在規範給出的，這些無知無覺的規範又決定著個人的感情，並且決定著環境，個人感情能夠而且應該表現這種環境。但是，　規範由結構所決定。　在皮亞傑看來，「這樣的

㉒　同❶，頁68。
㉓　同❶，頁74。
㉔　同❶，頁75。

共時性從某種程度上說，就成了不變化的歷時性的表現。」❷ 換句話說，在涉及歷史變化的地方，問題仍然是結構，然而這個結構是「歷時性」的。

皮亞傑認為，列維─斯特勞斯所利用的結構，「除了從語言學出發受到啓發的音位學結構和總的說來是索緒爾式的結構之外，還在不同的親屬關係的組織裡找到了轉換的網和群等等代數結構。」❷ 在數學家的幫助下，列維─斯特勞斯把這些結構形式化了。形式化的結構具有皮亞傑所說的結構的一般特性和功效，因而可以普遍使用。它不僅可以用於親屬關係，而且在一種分類到另一種分類，從一種神話到另一種神話，總之，「在所研究的文明的一切『實踐』和認識成果之中，都能找到這些結構。」

一旦認可結構在人類文化學中普遍存在，餘下的問題就是，「這種結構的『存在』到底是什麼？」

皮亞傑指出，在列維─斯特勞斯那裡，結構雖然被形式化，但是，卻不是形式的「存在」。因為結構是列維─斯特勞斯所觀察到的種種關係的來源，它若不和事實緊密一致，「就會失去任何眞理的價值。」結構也不是先驗的本質，因為列維─斯特勞斯不是現象學家，「而且不相信『自我』或『親身體驗』有第一性意義。」確切地說，「結構來源於『智能』或來源於自身永遠相同的人的精神，從而得出結構先於社會，結構先於心理活動，並且更有理由說結構先於有機體。」❷ 如此一來，問題更複雜了。結構─精神的「存在」方式，如果不是社會的，不是心理和機體的，

❷　同❷。
❷　同❶，頁76。
❷　同❶，頁78。

那是什麼的？

　　要回答這個問題，皮亞傑提醒人們，必須記住列維－斯特勞斯的一句話：「旣不存在絕對意義上的形式，也不存在絕對意義上的內容。」任何形式，對於包含這個形式的那些更高級的形式而言是內容；任何內容，對於這個內容所包含的那些內容來說是形式。但是，這依然不能說一切都是結構。因爲結構是更有確定意義，更有理性限制的存在。怎樣從形式的普遍性過渡到結構的存在呢？如果從邏輯數學來看，對於形式進行反身抽象就可以組成結構。「在現實世界中，則存在著一種普遍的形成過程，把形式引向結構和保證這些結構有內在的自身調整作用：這就是一個平衡作用的過程。」[23] 這個平衡作用過程，是皮亞傑發生學意義上的。按照皮亞傑的見解，任何一個平衡都包含一個組成「群」的轉換體系，同時具有種種自動調節作用。皮亞傑從列維－斯特勞斯關於形式和內容的一句話出發，把列維－斯特勞斯的形式變成了皮亞傑意義上的結構。

　　隨之，皮亞傑進一步從列維－斯特勞斯和薩特的爭論入手，對結構主義進行了探討。皮亞傑分析說，薩特的思想，名爲辯證理性，實爲存在主義殘餘，而列維－斯特勞斯在辯證理性與科學思維之間建立的聯繫，也有令人不安的不足。因爲他低估了歷史的辯證過程，所以「他的結構主義是相對靜止的或反歷史主義的」。皮亞傑之所以看重辯證思維，是因爲他認爲康德或黑格爾式的辯證模式（筆者認爲把二者相提並論並不十分合適）相當於一個不斷重複的歷史程序，它有歷史發展、對立面的對立和解決對

---

　　[23]　同❶，頁79。

立等機制。即結構一經構成，就會產生它的否定，使這個結構成為互補的體系，這種互補性，又是它轉換的契機」。辯證思維是皮亞傑式的結構主義的別名，與德國古典哲學意義上的辯證思維有一定的出入。皮亞傑之所以對薩特和列維－斯特勞斯感到失望，是因為他們的理論沒有這種辯證特性，即沒有皮亞傑所說的結構論和構造論相結合的動態過程。

　　皮亞傑認為，在社會歷史領域，能夠堅持辯證思維的，當屬阿爾杜塞和戈德利埃。在他看來，阿爾杜塞的研究有兩個目的。其一，「從黑格爾的辯證法裡闡發出馬克思的辯證法」，其二，「給馬克思主義辯證法一個現代結構主義形式」。對於第一點，皮亞傑只有寥寥幾言，並申明不發表評論。對於第二點，他認為這與結構主義相關。那麼阿爾杜塞如何賦予馬克思主義辯證法一個現代化的結構主義形式呢？阿爾杜塞指出，黑格爾的辯證矛盾與馬克思的沒有關係。因為黑格爾的辯證矛盾，最後歸結為對立面的同一性，而馬克思那裡，它是超決定作用的產物，即「不可分割的相互作用造成的產物」。皮亞傑認為，「就是這種社會方面的超決定作用（相當於物理中因果關係的某些形式），引導阿爾杜塞把生產關係的內部矛盾，或者說生產關係和生產力之間的矛盾，以及廣義地說就是把馬克思主義經濟學的整個機器，都納入一個轉換結構的系統裡，他並且努力地為這個轉換系統提供連結的關係和形式化原理。」[29] 也就是說，阿爾杜塞賦予馬克思主義一個轉換結構，在這個轉換結構中，認識主體的結構活動是中心動力。皮亞傑認為，這與馬克思最牢固的傳統相符，因為馬克思認

───────────

[29]　同❶，頁89。

爲，「思維就是一種生產。」「知識的特點是一種生產。」構造活動是轉換結構的中心，這個歷史的結構就必定是個動態體系，這就必然要涉及到歷史的結構和歷史的轉換之間的關係。在這個問題上，戈德利埃提出了一些引人注目的見解。

戈德利埃認爲，歷史的結構與歷史的轉換之間的關係有待進一步研究。如果把社會結構比作數學範疇，就要確定與結構相符或不相符的功能，換句話說，如果把社會結構邏輯數學化，就可以看出，轉換功能是否符合歷史結構了。但是，要在形成一個系統的全部結構中，在各結構間互相結合的方式中，找出在被聯結起來的諸結構整體內部引起的主要功能，還需要進一步完善結構的分析。從這種觀點出發，戈德利埃指出，對結構的研究要優先於對結構的發生過程的研究。他認爲，馬克思把價值理論放在《資本論》的開頭部分，就是使用了結構分析法。戈德利埃說，「科學」的可能性將要建立在發現社會結構的功能作用的規律、演變規律和內部對應關係的規律的可能性上面……因而也就是建立在推廣結構分析方法上面，結構分析方法已經成了能夠解釋種種結構變化和演變的條件以及解釋結構的功能的條件了。皮亞傑對於戈德利埃如此評價結構分析法頗爲認同，並指出，在結構分析中，結構與功能、發生與歷史、個別主體和社會成爲不可分割的整體。即，結構分析法能夠使所研究的系統成爲皮亞傑意義上的完美的結構。

在此之後，皮亞傑對福科在《詞與物》中的觀點進行了批判，他認爲，福科的理論是沒有結構的結構主義。他保留了靜態結構主義所有消極的方面，如貶低歷史和發生、貶低功能、否定主體本身。但是，「並不因此就減少它無與倫比的價值：這部著

作明顯地證明了，想要把構造論和結構主義割裂開來而得到前後一貫的結構主義是不可能的。」[30] 由於皮亞傑分析福科的這本書，僅僅是爲了從反面證明結構主義和構造主義（建構主義）不可分割，故筆者在這裡不準備過多敍述。

筆者認爲，皮亞傑對結構主義各流派的分析，不是站在完全客觀的角度，而是從發生學結構主義的角度規範其他流派。對諸流派的分析，忽略了他們本身的特點和理論貢獻，只求考察他們的結構是否具有他所歸納的整體性、轉換性和自身調整性三大特點，因此，他對結構主義諸流派的研究顯得窄而偏。皮亞傑在《結構主義》一書中所闡述的結構主義思想，遠不如他的全部結構主義有風采。儘管如此，我們依然可以說，皮亞傑是一個傑出的結構主義者。他不僅提出了一切結構主義的共同特點，而且把結構主義推向了一個新的階段——共時性和歷時性、結構主義和建構主義相結合的階段。動態的結構主義是皮亞傑結構主義與衆不同之處。

叄·結構主義研究的幾點結論

皮亞傑認爲，結構主義的出現，已經有比較長的歷史了，但是，「在談到結構主義這個題目時，不能把它作爲一種學說或者哲學看待……結構主義主要地乃是一種方法。」[31] 方法論的結構主義是一種眞正的結構主義。它與整體性結構主義有兩點顯著的差別。所謂整體性結構主義，就是皮亞傑所說的那種共時性的靜態體系。

---

[30]　同❶，頁95～96。
[31]　同❶，頁97。

　　第一點差別：整體性結構主義服從湧現規律。所謂湧現規律是指把感受──知覺──個別人──社會群體的順序顛倒過來，「並按照一種被認爲是自然規律的『湧現』方式，一開始並不增加什麼，就提出整體性來。」[32]奧古斯特·孔德用人類解釋人，而不是用人解釋人類；涂爾幹認爲社會整體是從個人的匯合中湧現出來，就像分子從原子的集合中湧現出來一樣；格式塔學派認爲，在種種原始知覺中立卽能看到一個整體性等等，都是用湧現規律解釋整體。湧現規律對皮亞傑結構主義的啓迪是「一個整體並不是一個諸先決成分的簡單總和」。這一點啓迪，深深銘刻在皮亞傑的體系中，並且成爲皮亞傑圖式或結構系統遵循的主要規則之一。

　　方法論結構主義則遵循組成規律。組成規律是指整體不是一開始就被給予的，而是有一個形成過程。卽整體不是一個剖面圖，而是在一個動態體系中形成發展。

　　第二點差別：「整體性結構主義只限於把可以觀察到的聯繫或相互作用體系，看作是自身滿足的。」[33]這與第一個差別有關，因爲整體被看作靜態的剖面圖，並且從一開始就被給予，所以，所觀察到的聯繫順理成章地被看作自身滿足的。而方法論結構主義的本質，乃是要到一個深層結構裡去找出對這個經驗性體系的解釋，這個深層結構可以使人們對這個體系作某種程度上是演繹性的解釋，而且要通過建構數理邏輯模型來重建這個深層結構[34]。意思是說，整體性結構主義是沒有結構發展的結構主義，

---

[32] 同[1]，頁4。
[33] 同[1]，頁68。
[34] 同[33]。

方法論結構主義則能不斷在更高級結構中尋找到現在經驗體系的根據。而且，一切經驗的東西統統能在數理邏輯模型中得到重新建構。

如果注意到兩種結構主義的區別，理性地分析方法論結構主義，可以從中得出如下結論：

（一）結構的研究不是排它性的，特別是在人文科學和一般生命科學範圍內，結構主義並不取消任何其他方面的研究。相反，結構主義的研究力圖把所有這些研究整合進來，而且整合方式與科學思維中任何整合方式相同 —— 在互反和相互作用的方式上進行整合。

（二）對結構研究的出路在於多學科的協調。原因是，如果只限於一個領域談論結構，人們很快就會發現，不知道把結構的「存在」置於何方，結構不等於可觀察到的關係。只有關係才是某一特定領域的產物，結構是普遍的，無所不在。在第一章，我們介紹形式運算時曾經講過，皮亞傑認爲邏輯數學結構不僅僅存在於邏輯領域，而且存在於一切領域，皮亞傑在證明這一點時，列舉了一個物理學的例子，以證明邏輯數學運算適用於一切領域。不言而喻，第二點結論是皮亞傑一貫的思想。另外，在皮亞傑看來，各門科學有包容關係，例如，「人類學首先就是一種心理學。」「心理學首先就是一種生物學。」……所以，在多學科協調中研究結構，是由各學科間不可分割的聯繫決定的。

（三）結構沒有消滅人，也沒有消滅主體的活動。方法論結構主義所涉及的主體不是個體，而是認識論意義的主體，「卽是在同一水平上的一切主體所共同的認識核心。」這個認知核心的主要機制是運算 —— 主體對自己活動的反身抽象。運算則是結構的

組成成分。在這樣的結構體系中，主體並沒有消失，他處於一個不斷解除中心作用的過程中，經過這一過程，他把自己從心理上的自我中心狀態中解放出來，同時建構、再建構自己的結構。由這一結論勢必證明下一結論的正確。

（四）「不存在沒有構造過程的結構，無論是抽象的構造過程，或是發生學的構造過程。」這兩類構造過程之間，並沒有不可逾越的鴻溝。皮亞傑認爲，從哥德爾開始，人們在數理邏輯理論中把結構按強弱分爲不同等級。強結構在弱結構之上建立起來，它對於弱結構的完善是必不可少的。「因此抽象結構的體系成了與永遠不會完結的整體構造過程密切相關的了；這個不會完結的整體構造過程要受到形式化的限制，也就是說，……一個內容永遠是下一級內容的形式，而一個形式永遠是比它更高級的形式的內容。」❸❺ 這與發生過程有驚人的相似。發生過程就是從一個結構向另一個結構的過渡，從最弱的形式向最強的形式過渡。所不同的是，發生過程是從原始水平開始。發生過程研究結構的原始發生、發展，而抽象的構造過程，研究一定水平上結構由弱變強的構造過程。所以二者從不同的層次證明，「不存在沒有構造過程的結構。」

（五）結構和功能不可分割。皮亞傑指出，「如果認識的主體並沒有因結構主義而被取消，如果說他的那些結構跟一個發生過程不可分，那麼當然功能的概念就沒有失去它的任何價值，而是一直被蘊涵在作爲結構來源的自身調節作用裡的。」❸❻ 功能和結構不可分割的斷言，是皮亞傑發生學和結構主義的中心命題。事

---

❸❺　同❶，頁100。

❸❻　同❶，頁102。

實上，皮亞傑結構的三大特點，就是以功能和結構的關係爲核心進行的。功能就是同化、順應、平衡，它們均蘊涵在自動調節裡。由於有功能的存在，主體就不僅僅是一堆用不同方式整合在一起的結構或圖式，而是以結構爲基礎的功能作用的中心，主體活生生地在結構建構過程中運作了。

皮亞傑從結構主義的分析中歸納的五個結論，實際上是皮亞傑發生學結構主義的結論，讀者看到這五個結論，一定不會感到陌生。筆者以爲，皮亞傑結構主義研究，是從方法論上對他畢生的研究進行概括。他一再重申，「結構主義眞的是一種方法，而不是一種學說。」「否則它早就被別的學說超越了。」這似乎在暗示，他的發生學研究儘管研究認識結構的發生發展，但是不能把他的體系看作結構主義體系，而只能看作發生學體系，結構問題，在他的體系中只是一種方法，這種方法有「技術性、強制性、智慧上的誠實性」，同時具有科學和實證性。由於這些方法擁有這些特徵，所以皮亞傑認爲，他的發生學體系揭示了認識發生發展的奧祕。可以說，皮亞傑的結構主義爲他的發生學劃了一個句號。儘管皮亞傑對一般結構主義的研究不夠深入，甚至失之偏頗，但是，他在他的結構主義中達到了發生學體系與方法論的統一。如果讀者不受皮亞傑在《結構主義》中那種「集大成者」的敍述的干擾，只把他的結構主義作爲結構主義流派中的一員，並且把它與他的發生學聯繫起來看，就可以看出他的結構主義的特點了。

結語：皮亞傑理論在世界範圍內的傳播和新皮亞傑主義

皮亞傑的理論從問世之日起，就引起了激烈地爭論。直到他逝世，爭論一直沒有止息。榮辱毀譽、褒揚貶抑紛沓而至。但是，不論是肯定也好，否定也好，人們都承認，皮亞傑的理論對心理學、哲學、教育學產生了難以估量的影響。這種影響起初僅限於法語國家。五〇年代，國際發生認識論中心成立，一年一度的國際學術討論會和定期刊物《發生認識論研究》，使皮亞傑發生學的影響迅速擴大到整個西方世界。六〇年代以發生學為依據進行的西方世界教育改革，對皮亞傑理論的傳播起了推波助瀾的作用。六〇至七〇年代，皮亞傑發展理論被介紹到美國。二十多年來，「它已經在指導教育學、心理學、社會學、保健服務的研究和計畫方面，獲得了傑出理論之一的重要地位。」❶

前蘇聯在解體之前，對皮亞傑的研究是由心理學界進行的。但是，他們的研究與西方相比，理論色彩更濃。從當時發表的著作看，他們的研究尚處於理論上介紹階段，不過皮亞傑給前蘇聯心理學界引起的震動是顯而易見的。

---

❶ Ed. by Valerle L. Shulman: *The Future of Piagetian Theory: The Neo-Piagetians.* New York. 1985, p.9.

中國大陸對皮亞傑的研究率先從心理學界開始。七〇年代末、八〇年代初，心理學界把皮亞傑的《發生認識論原理》和《兒童心理學》譯成中文。此外，山東的傅統先先生、湖南的陳孝禪先生、河北大學的胡世襄先生、北京師範大學的朱智賢先生等心理學界的前輩對大陸心理學界的皮亞傑研究做出了極大的貢獻。大陸的皮亞傑研究有今天的進展，與他們的努力是分不開的。這些中文著作一經問世，立卽在哲學界引起了反響。

從八〇年代初開始，大陸哲學界開始研究皮亞傑，討論主要集中在皮亞傑的發生認識論上。在人民出版社方名先生的大力協助下，當時的北京社會科學院哲學所所長雷永生先生領導的皮亞傑課題組，推出了哲學界第一部研究皮亞傑的專著《皮亞傑發生認識論述評》。同時主辦了皮亞傑發生認識論研討會。這一系列的舉措對大陸皮亞傑研究產生了不可忽視的推動作用。隨後，本課題組若干成員（筆者和筆者的先生），經人民出版社王粵女士協助，出版了第二部研究皮亞傑的專著《皮亞傑的挑戰——知覺與理性的新維度》，同時，將皮亞傑的代表作《生物學與認識》譯成中文。至此，大陸哲學界的皮亞傑研究達到高潮。到一九九〇年以前，大陸的各種刊物刊出的研究發生認識論的論文百餘篇，譯著十餘本。

皮亞傑的發生學之所以能夠對國際學術界產生如此大的影響，原因之一是他的研究有跨學科的特點，一本薄薄的《發生認識論原理》，竟然囊括了六、七門學科，初讀者如墜煙霧之中。正因為如此，他的學說也受到了不同學科的讚譽和批判。按照 V・L・舒爾曼先生的看法:「如果人們承認這一概念：卽皮亞傑的理論由認識（或人）固有的那些相同或相似的特點所組成，那麼

皮亞傑的理論就是動態的、主動的、開放的、經得起檢驗的，從而是可以改變的。換句話說，皮亞傑的理論是一個開放的系統，隨時間的變化，會對系統或環境的變化產生反響。從這個角度來看，談及『新皮亞傑主義』理論，似乎是多餘的。因此……新皮亞傑主義一詞指在日內瓦進行研究和在促進理論發展方面採取新方向的那些學說。」❷也就是說，皮亞傑的體系是一個開放的體系，隨時間和環境的變化而變化。如果把在皮亞傑理論基礎上稍事改變的體系也稱之爲新皮亞傑主義，不免有點虛妄。所以新皮亞傑主義的範圍是在日內瓦皮亞傑採取不同研究方向，以促進其理論發展的體系。

舒爾曼先生認爲，新皮亞傑主義承認發展的模式，或者他們也許根本不承認自己是皮亞傑主義者。但是，他們以駁倒皮亞傑模式爲己任，所以他們必然從不同的方向去反駁皮亞傑。一般說來，新皮亞傑主義與傳統皮亞傑主義有三個顯著的區別。也就是說他們在三個方面修正了皮亞傑理論。鑒於本書研究的重點不是新皮亞傑主義，也鑒於篇幅限制，筆者只簡單地描述一下這三點差異。

(一)對象問題上的差異。新皮亞傑主義認爲，皮亞傑以研究認識主體爲核心，他根據認識主體即一切個體或普遍的主體來描述認識在某些水平上的發展。因此，他的對象是一般。新皮亞傑主義則宣稱，自己的研究對象不是一般，而是個體，是一個個活生生的個人。新皮亞傑主義一直試圖在全體水平闡明他們的理論，他們極力想證明，在特定條件下，只能預見某個發展時期個

---

❷　同❶，p.10.

體的行爲。如果說皮亞傑試圖定義整個發展體系，那麼新皮亞傑主義則試圖發現在同一發展水平上個體和集團之間或之中的差別，以便更充分地描述發展過程。

（二）要素問題上的差異。皮亞傑認爲，發展方面的差異是由遺傳、文化、成熟和經驗等造成的，但是，皮亞傑沒有更深入地探討這些要素。新皮亞傑主義則認爲，這些要素是認識發展的主要變量。他們把發生認識論擴展成爲包括主體與認識的相互作用在內的體系，這些相互作用可以是肉體的，也可以是智力的。尤其需要說明的是，在要素問題上，新皮亞傑主義再度補充了個人這一要素，以便更充分地理解整體，從而達到理解發展機制的目的。因此，新皮亞傑主義的研究範圍，比皮亞傑更寬泛，他們從個體的角度，研究了發展中的認識和社會關係、文化影響、人格和選擇的生物要素之間的相互作用。他們把皮亞傑主義羅列出來的、卻又未加以探討的要素做了詳細說明，力圖從這些要素中進一步揭示認識發展的奧祕。

（三）在相互關係上的差異。新皮亞傑主義認爲，皮亞傑常常孤立一個特殊變量以研究形形色色的經驗。新皮亞傑主義則要選擇相互作用的變量進行研究。不僅如此，他們還試圖把理論與現實聯繫起來，這樣便可以更恰當地運用他們的研究素材。

筆者認爲，皮亞傑的研究是從生理學─心理學─認識論，即從個體到主體。若是從哲學認識論的角度看，研究對象的變化說明皮亞傑完成了從心理學向認識論的轉變，他所研究的問題是認識論問題，得出的結論具有普遍性。如果把認識對象變爲個體，實際上是從哲學退回到具體科學。至少在哲學上不是一種進步。當然正如皮亞傑的長期合作者辛克萊（Hermin Sinclair）

所說，對皮亞傑著作讚譽最多的是心理學家。而新皮亞傑主義者也以心理學家居多，認識論者十分罕見。正因爲如此，「他們常常忽略皮亞傑的主要目的是認識論。」❸ 他們往往從心理學的角度來批評認識論，由此造成新皮亞傑主義的個體化傾向。

---

❸　同❶，p.7.

年　　表

1898年

8月9日出生於瑞士的納沙特爾。

1907年

進入拉丁中學，同年在納沙特爾一家自然科學史雜誌《冷杉樹》上，發表小習作，內容涉及鳥的白化病問題。這篇文章使他被獲准在業餘時間，為特爾自然博物館收集標本。

1911年

初次接觸柏格森的《創造進化論》，迷上了哲學，並且決定獻身於認識的生物學解釋。為此，他閱讀了康德、斯賓塞、孔德、涂爾幹以及 W·詹姆斯的著作，在〈新實證主義概論〉一文中，他第一次提出「動作自身包含著邏輯」的思想。

1915年

入納沙特爾大學，屆時，他已經發表了20篇有關軟體動物的文章，其中大部分發表在瑞士的雜誌上。

1917年

由於健康原因，在阿爾卑斯山療養一年。在此期間，他度過了信仰危機，形成了新的信念。他的哲學小說《求索》反映

了他克服危機的過程。

1918年

獲科學博士學位， 學位論文是〈阿爾卑斯山軟體動物學導論〉。同年到蘇黎士，參觀李普斯和雺希納的心理學實驗室和布魯勒的精神病診所，並且在那裡工作一段時間。

1919年

到巴黎大學。在這裡他聆聽布隆施維希的科學哲學課，對他產生了無法估量的影響。此外，他還把逗留蘇黎士期間掌握的臨床法運用於實驗。

1920年

邂逅西蒙，應西蒙之聘，在西蒙執掌的比奈實驗室，將「推理測驗」標準化。

1921年

把研究結果整理成三篇文章。

就任盧梭學院研究部主任。

1922年

參加柏林心理分析大會，會議期間，會見了弗洛伊德。

1923年

《兒童的語言和思維》出版。

與夏特內結婚。

1924年

《兒童的判斷和推理》出版。這兩本書問世爲皮亞傑贏得了聲譽，法國、比利時、荷蘭、葡萄牙、英國、美國、西班牙等國紛紛邀請他講學。

1925年

任納沙特爾大學哲學教授。

1926年

《兒童的世界表象》出版，該書使臨床法系統化。

1927年

《兒童的物理因果性概念》出版。

1929年

離開納沙特爾，重返日內瓦任盧梭學院副院長。此外，他還被任命爲國際教育研究室主任。

1932年

編寫《教育人員教程》。

《兒童的道德判斷》出版。

1933年

被任命爲盧梭教育學院院長。

1936年

被哈佛大學授予名譽博士學位。

《兒童智力的起源》出版。

1937年

在國際心理學大會上介紹了他對「群結構」的看法，發言題目是「關於思維心理學的運算的可逆性及其群概念的重要性」。

1938年

在洛桑教授實驗心理學和社會學。

1939年

被任命爲日內瓦大學經濟與社會學學院教授。

1940年

接替克拉帕雷德主持日內瓦科學學院實驗心理學講座，並被

任命爲心理學實驗室主任。

開始研究兒童的時間、運動、速度等概念的發展。

被任命爲瑞士心理學會主席，心理文獻主任，瑞士心理學雜誌主編。

1941年

《兒童的數字概念》出版。

1942年

應皮埃洪之邀，到法蘭西學院講學，講課內容以《智慧心理學》爲題出版。

《分類、關係與數字 —— 論數理邏輯的群與思維可逆性》出版。

任聯合國教科文組織瑞士委員會、貝魯特、巴黎、弗羅倫薩會議主席。

1946年

開始撰寫《發生認識論》。

《兒童符號的形成》、《兒童的時間概念》、《兒童的運動及速度概念》出版。

被巴黎大學授予名譽博士學位。

1948年

《兒童的空間表象》、《兒童自發的幾何學》出版。

1949～1951年

《論邏輯》出版。

被里約熱內盧和布魯塞爾大學授予名譽博士學位。

三卷本的《發生認識論導論》（第一卷《數學思想》，第二卷《物理學思想》，第三卷《生物學、心理學和社會學思

想》）出版。

《兒童機遇概念的發生》出版。

1952年

任巴黎大學教授，並在那裡開設發生心理學課程。

1953年

被芝加哥大學授予名譽博士學位。

1954年

被吉爾大學授予名譽博士學位。

任國際科學心理學聯合會主席。

1955年

創立「國際發生認識論中心」。

《從兒童到青年期邏輯思維的發展》出版。

1958年

被華沙大學授予名譽博士學位。

1959年

被曼徹斯特大學授予名譽博士學位。

《兒童早期邏輯的發展》出版。

1960～1961年

被挪威奧陸大學和劍橋大學授予名譽博士學位。

《知覺機制》出版。

1962年

被布蘭代斯大學授予名譽博士學位。

1963年

獲得日內瓦城市獎。

1964年

被蒙特利爾大學和艾克斯—馬賽大學授予名譽博士學位。

1965年

《社會學研究》、《哲學的機制與錯覺》出版。

1966年

《兒童心理學》、《兒童的心理表象》出版。

被賓夕法尼亞大學授予名譽博士學位。

獲得莫斯科大學獎章。

1967年

被紐約大學、安·哈伯大學、帕多瓦大學和克拉克大學授予名譽博士學位。

榮獲美國研究會獎和明尼阿波利斯大學董事會獎。

《生物學與認識》、《邏輯學與科學認識》出版。

1968年

《記憶與智力》、《結構主義》出版。

1969年

被根特大學授予名譽博士學位。

《教育科學與兒童心理學》出版。

榮獲皮奧·曼佐國際中心金質獎。

1970年

《意識的獲得》、《成功與理解》、《發生認識論》、《心理學與認識論》出版。

榮獲耶魯大學、哥倫比亞大學、英國布里斯托爾大學、華盛頓天主教大學、巴塞羅納大學、西班牙薩薩里大學名譽博士學位。

1971年

被任命爲日內瓦大學名譽教授。

被坦布爾大學和布加勒斯特大學授予名譽博士學位。

1972年

榮獲斯坦利霍爾獎和伊拉斯莫獎。

1973年

榮獲基蒂基金會和生命研究會獎。

1974年

《生命適應與智慧心理學》、《有機選擇與現象模仿》出版。

1975年

被洛克菲勒大學和倫敦國家科學委員會授予名譽博士學位。

《認知結構的平衡》、《發展的中心問題》出版。

1977年

榮獲國際心理學會李·桑代克獎。

1980年

9月16日皮亞傑逝世，享年84歲。

參考書目

(一)

Piaget: *The Essential Piaget*. London, 1977.

Piaget: *A History of Psychologic in Autobiography.* see Autobiography, In E.G.Boring(E.D), New York, 1952.

Piaget: *Recherche*. Lausanne, 1918.

Piaget: *The Origin of Intelligence in the Child*. London, 1977.

Piaget: *The Construction of Reality in the Child*. New York, 1954.

Piaget: *The Psychology of the Intelligence*. London, 1959.

Piaget: *Equilibration of Cognitive Structure*. Chicago, 1985.

Piaget: *The Growth of Logical Thinking from Childhood to Adolescence*. New York, 1958.

Piaget: *The Child's Conception of the Number*. London, 1969.

Piaget: *The Child's Conception of Space*. London, 1956.

Piaget: *The Child's Conception of Physical Causality.*
London, 1930.

Piaget: *The Mechanisms of Perception.* New York,
1969.

L.Shulman: *The Future of Piagetian Theory: Neo-
Piaget.* NewYork, 1958.

（二）

皮亞傑: 《生物學與認識》, 三聯書店, 1989年。

皮亞傑: 《發生認識論原理》, 商務印書館, 1981年。

皮亞傑: 《兒童心理學》, 商務印書館, 1981年。

皮亞傑: 《兒童的心理發展》, 山東教育出版社, 1982年。

皮亞傑: 《兒童的語言與思維》, 文化教育出版社, 1980年。

皮亞傑: 《發生認識論》, 商務印書館, 1990年。

皮亞傑: 《兒童的道德判斷》, 山東教育出版社, 1984年。

皮亞傑: 《結構主義》, 商務印書館, 1985年。

索　引

世界哲學家叢書 (十)

書　　　　名	作　　者	出版狀況
德　　日　　進	陳　澤　民	撰　稿　中
朋　諤　斐　爾	卓　新　平	撰　稿　中

書　　　　　　名	作　　者	出 版 狀 況
馮 · 賴 特	陳　波	撰　稿　中
赫　　爾	馮　耀　明	撰　稿　中
帕 爾 費 特	戴　華	撰　稿　中
梭　　羅	張　祥　龍	撰　稿　中
愛　默　生	陳　波	撰　稿　中
魯　一　士	黃　秀　璣	已　出　版
珀　爾　斯	朱　建　民	撰　稿　中
詹　姆　斯	朱　建　民	撰　稿　中
杜　　威	葉　新　雲	撰　稿　中
蒯　　因	陳　波	已　出　版
帕　特　南	張　尚　水	撰　稿　中
庫　　恩	吳　以　義	排　印　中
費 耶 若 本	苑　舉　正	撰　稿　中
拉 卡 托 斯	胡　新　和	撰　稿　中
洛　爾　斯	石　元　康	已　出　版
諾　錫　克	石　元　康	撰　稿　中
海　耶　克	陳　奎　德	撰　稿　中
羅　　蒂	范　進	撰　稿　中
喬 姆 斯 基	韓　林　合	撰　稿　中
馬 克 弗 森	許　國　賢	已　出　版
希　　克	劉　若　韶	撰　稿　中
尼　布　爾	卓　新　平	已　出　版
默　　燈	李　紹　崑	撰　稿　中
馬 丁 · 布 伯	張　賢　勇	撰　稿　中
蒂　里　希	何　光　滬	撰　稿　中

世界哲學家叢書(八)

書			名	作		者	出 版 狀 況		
馬		賽	爾	陸	達	誠	已	出	版
梅	露・彭		廸	岑	溢	成	撰	稿	中
阿	爾	都	塞	徐	崇	溫	撰	稿	中
葛		蘭	西	李	超	杰	撰	稿	中
列		維	納	葉	秀	山	撰	稿	中
德		希	達	張	正	平	撰	稿	中
呂		格	爾	沈	清	松	撰	稿	中
富			科	于	奇	智	撰	稿	中
克		羅	齊	劉	綱	紀	撰	稿	中
布	拉	德	雷	張	家	龍	撰	稿	中
懷		特	海	陳	奎	德	已	出	版
愛	因	斯	坦	李	醒	民	撰	稿	中
玻			爾	戈		革	已	出	版
卡		納	普	林	正	弘	撰	稿	中
卡	爾・巴		柏	莊	文	瑞	撰	稿	中
坎		培	爾	冀	建	中	撰	稿	中
羅			素	陳	奇	偉	撰	稿	中
穆			爾	楊	樹	同	撰	稿	中
弗		雷	格	王		路	排	印	中
石		里	克	韓	林	合	已	出	版
維	根	斯	坦	范	光	棣	已	出	版
艾		耶	爾	張	家	龍	排	印	中
賴			爾	劉	建	榮	撰	稿	中
奧		斯	丁	劉	福	增	已	出	版
史		陶	生	謝	仲	明	撰	稿	中

世界哲學家叢書 (七)

書名	作者	出版狀況
普列哈諾夫	武雅琴	撰稿中
約翰彌爾	張明貴	已出版
狄爾泰	張旺山	已出版
弗洛伊德	陳小文	已出版
阿德勒	韓水法	撰稿中
史賓格勒	商戈令	已出版
布倫坦諾	李河	撰稿中
韋伯	陳忠信	撰稿中
卡西勒	江日新	撰稿中
沙特	杜小真	撰稿中
雅斯培	黃藿	已出版
胡塞爾	蔡美麗	已出版
馬克斯·謝勒	江日新	已出版
海德格	項退結	已出版
漢娜鄂蘭	蔡英文	撰稿中
盧卡契	謝勝義	撰稿中
阿多爾諾	章國鋒	撰稿中
馬爾庫斯	鄭湧	撰稿中
弗洛姆	姚介厚	撰稿中
哈伯馬斯	李英明	已出版
榮格	劉耀中	排印中
柏格森	尚建新	撰稿中
皮亞傑	杜麗燕	已出版
別爾嘉耶夫	雷永生	撰稿中
索洛維約夫	徐鳳林	已出版

世界哲學家叢書 (六)

書　　　　名	作　　者	出版狀況
洛　　　　　克	謝　啓　武	撰　稿　中
巴　　克　　萊	蔡　信　安	已　出　版
休　　　　　謨	李　瑞　全	已　出　版
托馬斯・鋭德	倪　培　林	撰　稿　中
梅　　里　　葉	李　鳳　鳴	撰　稿　中
狄　　德　　羅	李　鳳　鳴	撰　稿　中
伏　　爾　　泰	李　鳳　鳴	已　出　版
孟　德　斯　鳩	侯　鴻　勳	已　出　版
盧　　　　　梭	江　金　太	撰　稿　中
帕　　斯　　卡	吳　國　盛	撰　稿　中
達　　爾　　文	王　道　遠	撰　稿　中
施萊爾馬赫	鄧　安　慶	撰　稿　中
康　　　　　德	關　子　尹	撰　稿　中
費　　希　　特	洪　漢　鼎	排　印　中
謝　　　　　林	鄧　安　慶	已　出　版
黑　　格　　爾	徐　文　瑞	撰　稿　中
叔　　本　　華	鄧　安　慶	撰　稿　中
祁　　克　　果	陳　俊　輝	已　出　版
尼　　　　　采	商　戈　令	撰　稿　中
彭　　加　　勒	李　醒　民	已　出　版
馬　　　　　赫	李　醒　民	已　出　版
迪　　　　　昂	李　醒　民	撰　稿　中
費　爾　巴　哈	周　文　彬	撰　稿　中
恩　　格　　斯	李　步　樓	撰　稿　中
馬　　克　　斯	洪　鎌　德	撰　稿　中

世界哲學家叢書 (五)

書　　　　　名	作　　　者	出　版　狀　況
楠　本　端　山	岡　田　武　彥	已　　出　　版
吉　田　松　陰	山　口　宗　之	已　　出　　版
福　澤　諭　吉	卞　崇　道	撰　　稿　　中
岡　倉　天　心	魏　常　海	撰　　稿　　中
中　江　兆　民	畢　小　輝	撰　　稿　　中
西　田　幾　多　郎	廖　仁　義	撰　　稿　　中
和　辻　哲　郎	王　中　田	撰　　稿　　中
三　木　清	卞　崇　道	撰　　稿　　中
柳　田　謙　十　郎	趙　乃　章	撰　　稿　　中
柏　拉　圖	傅　佩　榮	撰　　稿　　中
亞　里　斯　多　德	曾　仰　如	已　　出　　版
伊　壁　鳩　魯	楊　適	撰　　稿　　中
愛　比　克　泰　德	楊　適	撰　　稿　　中
柏　羅　丁	趙　敦　華	撰　　稿　　中
聖　奧　古　斯　丁	黃　維　潤	撰　　稿　　中
安　瑟　倫	趙　敦　華	撰　　稿　　中
安　薩　里	華　濤	撰　　稿　　中
伊　本・赫　勒　敦	馬　小　鶴	已　　出　　版
聖　多　瑪　斯	黃　美　貞	撰　　稿　　中
笛　卡　兒	孫　振　青	已　　出　　版
蒙　田	郭　宏　安	撰　　稿　　中
斯　賓　諾　莎	洪　漢　鼎	已　　出　　版
萊　布　尼　茨	陳　修　齋	已　　出　　版
培　根	余　麗　嫦	撰　　稿　　中
托　馬　斯・霍　布　斯	余　麗　嫦	已　　出　　版

世界哲學家叢書(四)

書名	作者	出版狀況
世親	釋依昱	撰稿中
商羯羅	黃心川	撰稿中
維韋卡南達	馬小鶴	撰稿中
泰戈爾	宮靜	已出版
奧羅賓多·高士	朱明忠	已出版
甘地	馬小鶴	已出版
尼赫魯	朱明忠	撰稿中
拉達克里希南	宮靜	撰稿中
元曉	李箕永	撰稿中
休靜	金煐泰	撰稿中
知訥	韓基斗	撰稿中
李栗谷	宋錫球	已出版
李退溪	尹絲淳	撰稿中
空海	魏常海	撰稿中
道元	傅偉勳	撰稿中
伊藤仁齋	田原剛	撰稿中
山鹿素行	劉梅琴	已出版
山崎闇齋	岡田武彥	已出版
三宅尚齋	海老田輝巳	已出版
中江藤樹	木村光德	撰稿中
貝原益軒	岡田武彥	已出版
荻生徂徠	劉梅琴	撰稿中
安藤昌益	王守華	撰稿中
富永仲基	陶德民	撰稿中
石田梅岩	李甦平	撰稿中

世界哲學家叢書 (三)

書　　　　　名	作　　　者	出 版 狀 況
澄　　　　　觀	方　立　天	撰　稿　中
宗　　　　　密	冉　雲　華	已　出　版
永　明　延　壽	冉　雲　華	撰　稿　中
湛　　　　　然	賴　永　海	已　出　版
知　　　　　禮	釋　慧　嶽	排　印　中
大　慧　宗　杲	林　義　正	撰　稿　中
袾　　　　　宏	于　君　方	撰　稿　中
憨　山　德　清	江　燦　騰	撰　稿　中
智　　　　　旭	熊　　　琬	撰　稿　中
康　　有　　爲	汪　榮　祖	撰　稿　中
譚　　嗣　　同	包　遵　信	撰　稿　中
章　　太　　炎	姜　義　華	已　出　版
熊　　十　　力	景　海　峰	已　出　版
梁　　漱　　溟	王　宗　昱	已　出　版
胡　　　　　適	耿　雲　志	撰　稿　中
金　　岳　　霖	胡　　　軍	已　出　版
張　　東　　蓀	胡　偉　希	撰　稿　中
馮　　友　　蘭	殷　　　鼎	已　出　版
唐　　君　　毅	劉　國　強	撰　稿　中
牟　　宗　　三	鄭　家　棟	撰　稿　中
宗　　白　　華	葉　　　朗	撰　稿　中
湯　　用　　彤	孫　尚　揚	撰　稿　中
賀　　　　　麟	張　學　智	已　出　版
龍　　　　　樹	萬　金　川	撰　稿　中
無　　　　　著	林　鎮　國	撰　稿　中

世界哲學家叢書 (二)

書　　　名	作　　者	出　版　狀　況
胡　　　　宏	王　立　新	排　印　中
朱　　　　熹	陳　榮　捷	已　出　版
陸　象　山	曾　春　海	已　出　版
陳　白　沙	姜　允　明	撰　稿　中
王　廷　相	葛　榮　晉	已　出　版
王　陽　明	秦　家　懿	已　出　版
李　卓　吾	劉　季　倫	撰　稿　中
方　以　智	劉　君　燦	已　出　版
朱　舜　水	李　甦　平	已　出　版
王　船　山	張　立　文	撰　稿　中
眞　德　秀	朱　榮　貴	撰　稿　中
劉　蕺　山	張　永　儁	撰　稿　中
黃　宗　羲	吳　　　光	撰　稿　中
顧　炎　武	葛　榮　晉	撰　稿　中
顏　　　　元	楊　慧　傑	撰　稿　中
戴　　　　震	張　立　文	已　出　版
竺　道　生	陳　沛　然	已　出　版
眞　　　　諦	孫　富　支	撰　稿　中
慧　　　　遠	區　結　成	已　出　版
僧　　　　肇	李　潤　生	已　出　版
智　　　　顗	霍　韜　晦	撰　稿　中
吉　　　　藏	楊　惠　南	已　出　版
玄　　　　奘	馬　少　雄	撰　稿　中
法　　　　藏	方　立　天	已　出　版
惠　　　　能	楊　惠　南	已　出　版

世界哲學家叢書 (一)

書　　　　名	作　　者	出　版　狀　況
孔　　　　　子	韋　政　通	撰　稿　中
孟　　　　　子	黃　俊　傑	已　出　版
荀　　　　　子	趙　士　林	撰　稿　中
老　　　　　子	劉　笑　敢	撰　稿　中
莊　　　　　子	吳　光　明	已　出　版
墨　　　　　子	王　讚　源	撰　稿　中
公　孫　龍　子	馮　耀　明	撰　稿　中
韓　　非　　子	李　甦　平	撰　稿　中
淮　　南　　子	李　　　增	已　出　版
賈　　　　　誼	沈　秋　雄	撰　稿　中
董　　仲　　舒	韋　政　通	已　出　版
揚　　　　　雄	陳　福　濱	已　出　版
王　　　　　充	林　麗　雪	已　出　版
王　　　　　弼	林　麗　真	已　出　版
郭　　　　　象	湯　一　介	撰　稿　中
阮　　　　　籍	辛　　　旗	撰　稿　中
嵇　　　　　康	莊　萬　壽	撰　稿　中
劉　　　　　勰	劉　綱　紀	已　出　版
周　　敦　　頤	陳　郁　夫	已　出　版
邵　　　　　雍	趙　玲　玲	撰　稿　中
張　　　　　載	黃　秀　璣	已　出　版
李　　　　　覯	謝　善　元	已　出　版
楊　　　　　簡	鄭　曉　江	撰　稿　中
王　　安　　石	王　明　蓀	已　出　版
程　顥　、　程　頤	李　日　章	已　出　版